［模型で学ぶ］建築構法入門

改訂版

在来木造編

森永智年・京牟禮実

井上書院

まえがき

　木造軸組構法は,「在来構法」とも呼ばれるように,日本の伝統的な木造の構法です。この構法は,日本の豊富な森林資源と高度な職人の技能により支えられ発展してきました。そして,現在でも耐震性・耐久性・経済性などの新しい状況に対応しながら,住宅の主要な構法として用いられています。

　本模型キットは,模型を作製するうちに,楽しく,自然に,在来構法の基本となる構造と名称を学習できるように工夫しています。

　その特徴は,豊富な図と写真により,現場施工の手順に沿って組み立てることにより,短時間で興味を持ちながら,施工の流れの概略を把握できます。また,部材の切り出し・組立てを繰り返すことにより,部材構成および名称を理解でき,その工程に関する基本的な知識もまとめており,自ら学習することができます。そして,組立図を伏図と立体図で表現していますので,模型完成時には基礎伏図から小屋組図まで自然にマスターすることも可能です。

　したがって,建築を初めて学ぶ人たちが,在来構法の基礎知識を総合的かつ短時間に学習することができ,大学,短大および高校の学生やこれから建築を学ぼうとする方への補助教材・自学独習素材として適しています。

　本模型キットが,これから建築を学ぼうとする方の建築構法の習得の一助となれば幸甚です。

1996年12月　　著者しるす

改訂によせて

　ひとの根源的生活は，「衣食住」によって成り立っています。日本の義務教育では「衣食」については，男女同権の思想背景のなかで培われてきましたが，「住」については，「住まいと生活」の視点からのもので，建築作業を伴うものはほとんど皆無です。また，家庭のなかでも専門家任せのこととして省みられることがありませんでした。

　一方，欧米では自分の家を専門家の手を借りずに建築・修繕することは決して珍しいことでありません。家庭および学校教育のなかにも日常的なこととして建築の作業が多数取り入れられています。それは「建築の本」が「料理の本」と一緒に書店に並べられていることからも容易に理解できます。

　わが国における「建築の本」は，日常から乖離した専門領域として扱われています。その内容は入門書であっても，専門的で，説明内容が詳細であるが断片的であり，説明手順は，実際の施工と異なり，施工手順と各部分の取り合いを理解し難く，構造の全容が把握できないものとなっていました。

　そこで，建築の専門知識と日常生活知識をつなぐようなインターフェース的な教材，言い換えると，初心者でもわかりやすく親しみが持てる建築入門書が必要と考え，模型をとおして「建築」を学ぶ本模型キットを1996年に刊行しました。

　幸いにも，多くの建築教育施設，読者の方々にご支持をいただき，日本建築学会教育賞の栄誉を賜ることができました。この場を借りて厚くお礼申し上げます。

　今回の改訂では，建築基準法の改正等，木造建築の構造的知識の必要性が求められていることを背景に，最低知っておきたい構造の関連知識を補完するために構造についての新たなコラムを設けました。また，読者のご意見を反映して，より理解しやすく，作りやすいように全面改良をしました。

　本模型キットは，作る過程でその仕組みを発見し，自然に建築の基本的な知識の理解を「手の記憶」をとおして学ぶ，「ものづくり」の楽しさを体験できる構成となっています。

　まずは作ることから始めてみてください。

　　　　　　　　　　　　　　　　　　　　　　　　　　　　　　　2007年10月　　著者しるす

目　次

始める前の予備知識 …………………………………………………………………………… 6
　　本文の見方
　　図面の種類とその概要
　　実際と模型製作時の工程の違い
❶　模型作製準備 ………………………………………………………………………………… 8
　　木材の基礎知識 …………………………………………………………………………… 10
❷　基　礎 ……………………………………………………………………………………… 12
　　基礎と地盤の基礎知識 …………………………………………………………………… 14
❸　床　束 ……………………………………………………………………………………… 16
❹　土　台 ……………………………………………………………………………………… 18
❺　1 階床 ……………………………………………………………………………………… 20
❻　建て方 1（柱） …………………………………………………………………………… 22
❼　建て方 2（はり） ………………………………………………………………………… 24
❽　建て方 3（2 階床） ……………………………………………………………………… 26
❾　建て方 4（2 階柱） ……………………………………………………………………… 28
❿　建て方 5（小屋ばり） …………………………………………………………………… 30
⓫　小 屋 組 …………………………………………………………………………………… 32
⓬　垂　木 ……………………………………………………………………………………… 34
⓭　まぐさ・窓台 ……………………………………………………………………………… 36
⓮　筋 か い …………………………………………………………………………………… 38
⓯　間　柱 ……………………………………………………………………………………… 40
　　耐力壁と金物の基礎知識 ………………………………………………………………… 42
⓰　屋根の応用 ………………………………………………………………………………… 44
関連図面集 ……………………………………………………………………………………… 46
［模型製作に使用する接着剤］ ……………………………………………………………… 50

◎始める前の予備知識

［本文の見方］

　本書は，基本的に見開き2ページを1つの単位として，全部で16工程で構成しています。また，その工程の流れは，模型製作準備から始まり，基礎・構造材・内部下地材となっています。

　各工程では，基本的に見開きの両側に模型製作のヒントと実際の施工状況を，中央部に模型製作手順を説明しています。模型製作のヒントを参考に，製作手順に従って模型を作ってください。また，その工程に関する基礎知識もまとめていますので参考にしてください。

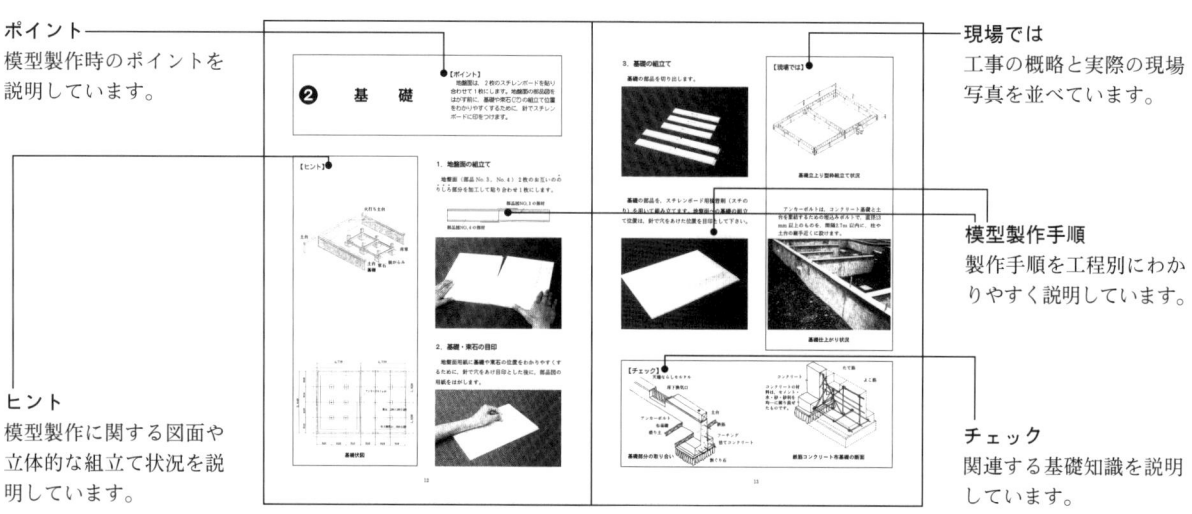

［図面の種類とその概要］

平面図

　建物の各階の間取りや敷地・道路などを表すために，適当な高さの水平面で切断して示した図面です。

伏図

　建物の骨組状況を表すために，表面仕上材を除いて，構造的な仕組みを平面として示した図面です。

軸組図

　建物の壁の骨組状況を表すために，構造的な骨組を立面として示した図面です。

　関連図面集は，46ページ以降に掲載していますので参照してください。

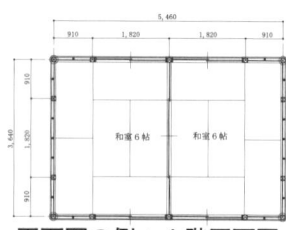

平面図の例：1階平面図

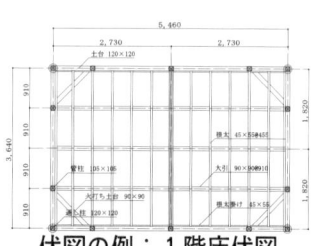

伏図の例：1階床伏図

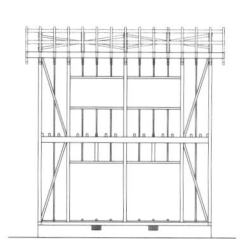

軸組図の例：南側軸組図

[実際と模型製作時の工程の違い]

　床束と1階床の工程は，実際の現場は最後になりますが，模型製作時は，組立ての都合上先になります。工程名称の前の数字は，本書で説明している工程番号を示します。

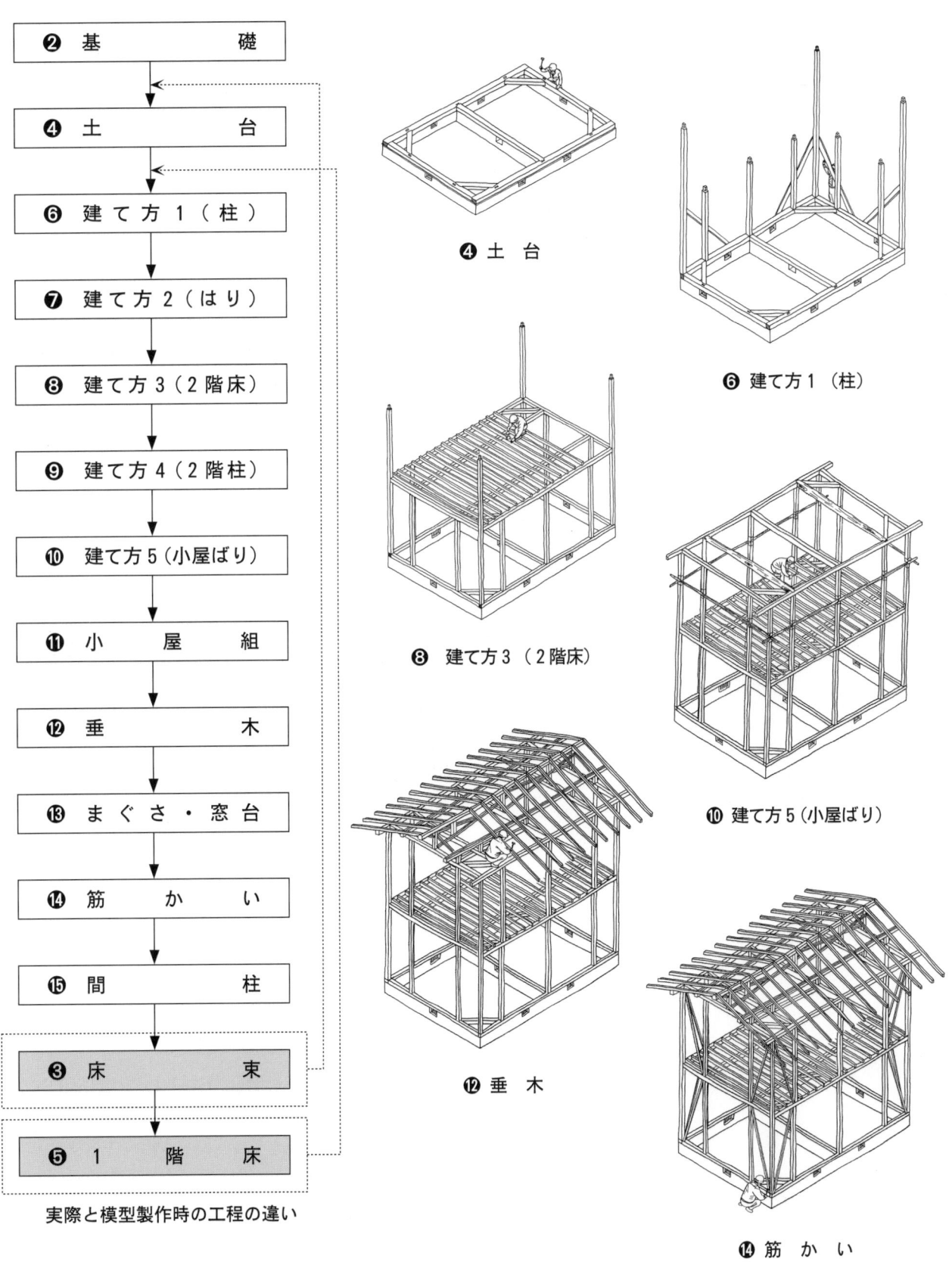

- ❷ 基　　　礎
- ❹ 土　　　台
- ❻ 建て方1（柱）
- ❼ 建て方2（はり）
- ❽ 建て方3（2階床）
- ❾ 建て方4（2階柱）
- ❿ 建て方5（小屋ばり）
- ⓫ 小　屋　組
- ⓬ 垂　　　木
- ⓭ まぐさ・窓台
- ⓮ 筋　か　い
- ⓯ 間　　　柱
- ❸ 床　　　束
- ❺ 1　階　床

実際と模型製作時の工程の違い

❹ 土　台
❻ 建て方1（柱）
❽ 建て方3（2階床）
❿ 建て方5（小屋ばり）
⓬ 垂　木
⓮ 筋　か　い

❶ 模型作製準備

【ポイント】
スチレンボードは，厚みがあるので切るときは，カッターナイフを垂直に立てないと，部材を水平・垂直に切断できません。部品の切り出し時にカッティングマットがない場合は，厚紙やダンボール紙等を敷いて，机やテーブルが傷つかないようにしましょう。

1．用意する物

- ◎カッターナイフ
- ◎スチール定規
- ◎スチレンボード用接着剤（スチのり）
- ◎貼ってはがせるのり（スプレーのり）
- ◎仮止め用テープ（ドラフティングテープ，マスキングテープなど）
- ◎輪ゴム，箱（パーツ保管用）
- ◎カッティングマットまたは厚紙

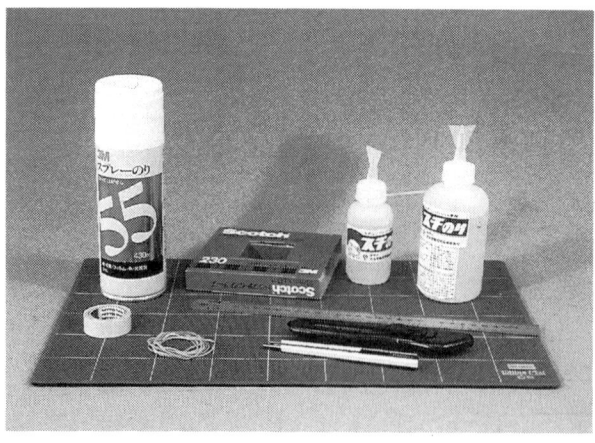

2．部品図のスチレンボードへの貼付け

部品図を，スチレンボードへ簡易に貼ってはがせるのり（スプレーのり）を用いて，約30cm程度の高さから均一に吹き付けて貼り付けます。このとき，部品図は，5mmと3mm用がありますので，スチレンボードに貼り付けるとき注意してください。

貼ってはがせるのり，スチレンボード用接着剤の商品例は，50ページを参照してください。

3．スチレンボードの切断

カッティングマット上で，カッターナイフとスチール定規を用いて，仮止めされた部品図の上からスチレンボードを切っていきます。スチレンボードは厚みがあるので，切るときはカッターナイフを垂直に立てて，部品が水平・垂直になるようにしましょう。部品図の紙は，部品を切り終えたのちにはがします。

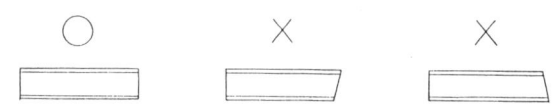

部品の切り取りを失敗したときは，スチレンボードの余りの部分より新たに部品を作ってください。

4．部品図の割付け印のスチレンボードへの書き移し

割付け印のある部品は，部品を切断した後，部品図をスチレンボードよりはがす前に，鉛筆でスチレンボードに印を付けます。

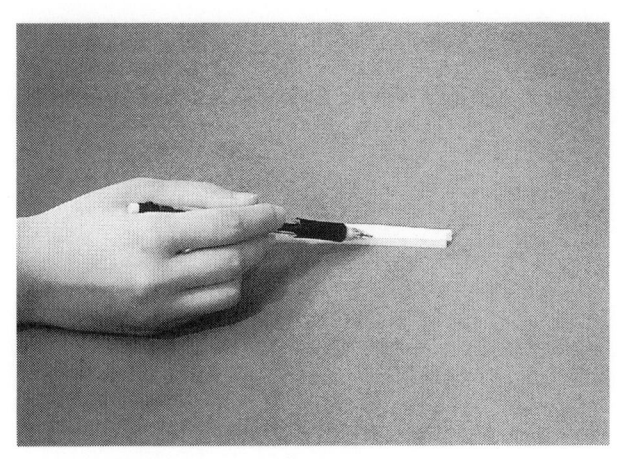

5. スチレンボードの加工

のりしろの部分は，スチレンボードの片面の紙1枚を残した状態のものです。下手をすると紙1枚も切り落とす可能性があるので，下図のように，まず3分の2程度切り，不要な部分を落とし，それから紙1枚を残して削るようにしましょう。

大引きの中央ののりしろは，下図のように，部品の半分だけ削ります。以外と難しいのですが，削りすぎた場合には，スチレンボードの残りで穴埋めをしましょう。

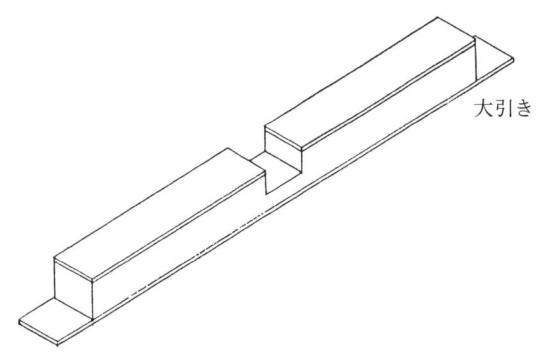

軒桁(のきげた)や棟木(むなぎ)や母屋(もや)の部品は，部品の角を落とす必要があります。カッターナイフを立てて削る方法がありますが，角度によってはくい込むおそれがありますので注意してください。

カッターナイフの扱いに不慣な場合は角を落とす作業をはぶいても問題はありません。

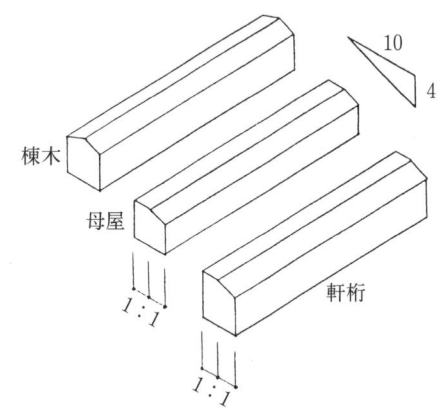

たとえば，部品の角を一定長さに安定して切り落とすために，スチール定規に沿って切り落とすと，うまく加工できます。（上級者向け）

6. 部品間の接着

部品間の接着には，スチレンボード用接着剤（スチのり）を用います。接着するまでドラフティングテープやマスキングテープなどで仮止めすると正確に接着できます。

また，1・2階の根太(ねだ)間隔や垂木(たるき)間隔や小屋束(こやづか)の切断は，付属の模型作製定規を用います。

木材の基礎知識

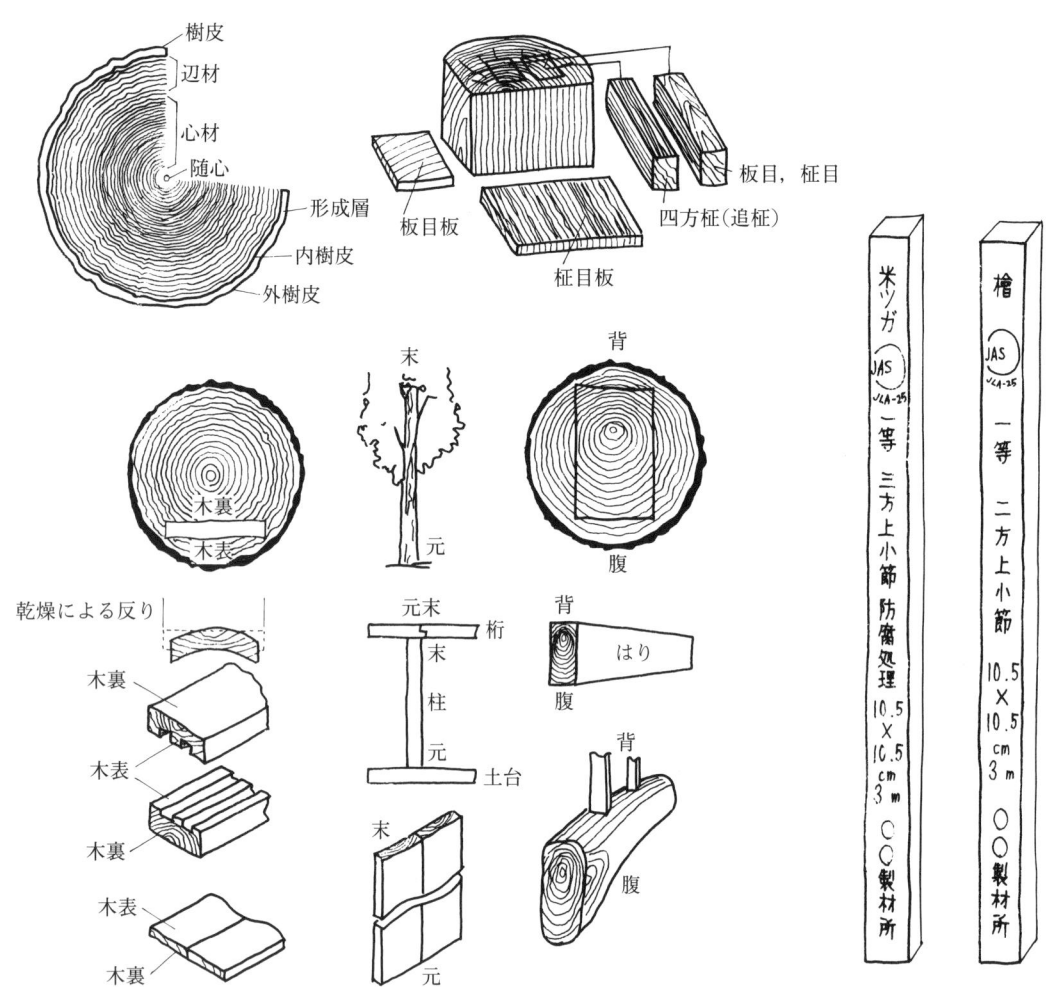

木造の構造とその使われ方　　　　　　JAS規格による製材品の寸法表示例

製材品の用途による分類

用途	説明	おもな樹種	おもな規格（長さm×断面mm）
土台	柱の下に配置して，柱から伝えられる重量を基礎に伝える	ヒノキ，ヒバ，クリ，防腐土台（ベイツガ）など	4.0×105×105，4.0×105×120，4.0×120×120
柱	屋根や床の重さを支え，基礎に伝える	スギ，ヒノキ，ベイツガ，スプルースなど	3.0×105×105，3.0×120×120など
筋かい 火打ち	地震や風圧で生じた水平力に対する変形を防ぐ	ベイツガ，スギ，ヒノキ，エゾマツ	断面 21×90，30×90，45×105，30×105など
はり 桁（けた）	横架材のため断面の大きな材が使われる	マツ，ベイマツ，カラマツ，ベイツガ	断面 105×240，105×105，105×180，105×150など
棟木（むなぎ） 母屋（もや）	垂木（たるき）を受ける横木	ベイツガ，ベイマツ，スギ	断面 90×90，85×85，105×105など
根太（ねだ）	床板を受ける横木	ベイツガ，ジマツ，ヒノキ，ベイマツ，エゾマツ	断面 45×45，36×45，45×105など
垂木（たるき）	棟（むね）から軒（のき）に渡し，屋根板を受ける	ベイツガ，スギ，エゾマツなど	断面 30×40，33×40，36×45，40×45，45×45など

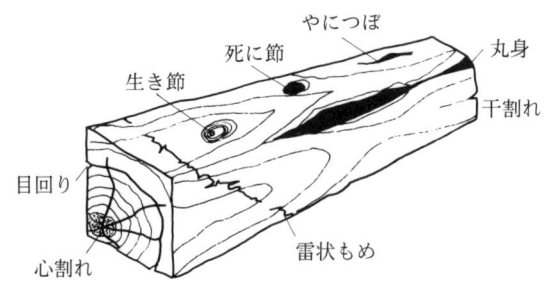

木材の欠点

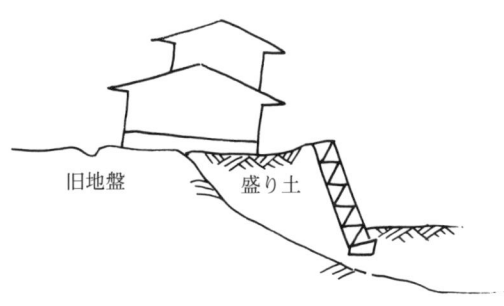

異なる地耐力の上に建つ場合の注意

傾斜地を造成したような旧地盤と盛土の異なる地耐力の上に建つ場合は，不同沈下の可能性があります。盛土の部分の基礎を旧地盤まで深くするか，杭(くい)を打つなどの対策が必要です。

樹木は，育った場所の環境および管理や伐採後の乾燥などにより，さまざまなきずを受けることがあります。その欠点の種類を列挙すると，

①**あて**：傾斜地に生える樹木が，つねに一定方向の風や日照を受けることにより生じる欠点で，秋材の部分が異常な発達をしたもの。

②**いりかわ(入り皮)**：樹皮の部分が材の中に取り込まれて残ったもの。

③**心割れ**：樹心から外に向かって放射状に生じた割れ。

④**目回り**：強風により幹が動くことで生じる年輪に沿った割れ。

⑤**肌割れ(星割れ)**：乾燥により起こる辺材部分に入った放射状の割れ。

⑥**雷状もめ**：伐採時の胴打ちなどが原因で起こる年輪を斜めに走る割れ。

⑦**干割れ**：木材の乾燥に伴い起こる割れ。

⑧**生節(いきぶし)**：木材の中に取り込まれた生枝。

⑨**死節(しにぶし)**：木材の中に取り込まれた枯れ枝。

⑩**やにつぼ**：樹液のかたまり

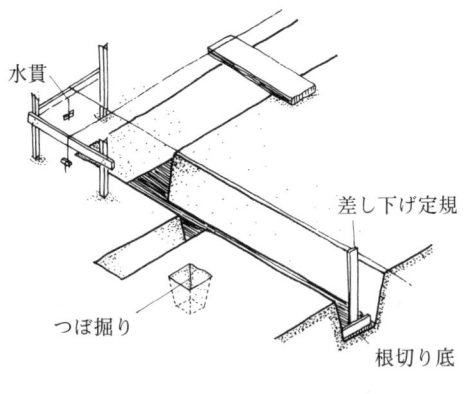

工事を始める準備状況

工事を始めるときには，遣方(やりかた)と呼ばれる建物の大きさや高さの基準を正確に決めた後に，根切り工事に取りかかります。

地震の被害を受け倒れた例

阪神大震災での木造の被害は，傾斜地に建つ建物に特に多く見られました。

❷ 基　　礎

【ポイント】

　地盤面は，2枚のスチレンボードを貼り合わせて1枚にします。地盤面の部品図をはがす前に，基礎や束石(つかいし)の組立て位置をわかりやすくするために，針でスチレンボードに印をつけます。

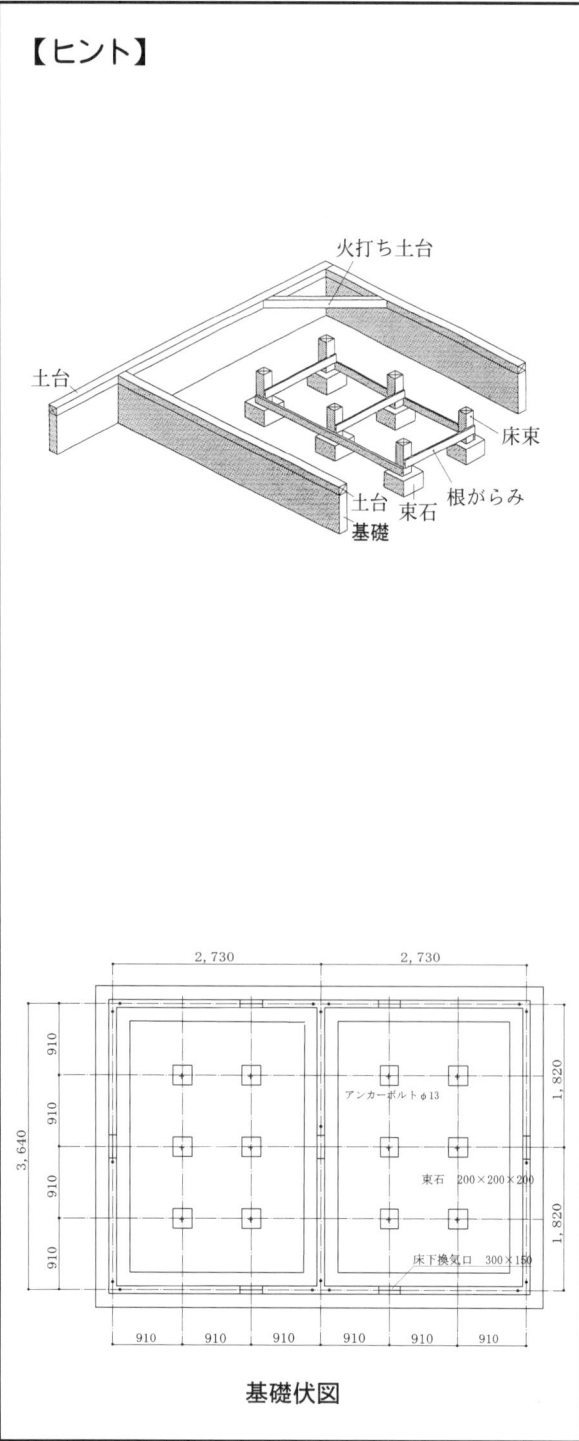

【ヒント】

基礎伏図

1. 地盤面の組立て

　地盤面（部品 No.3，No.4）2枚のお互いののりしろ部分を加工して貼り合わせ1枚にします。

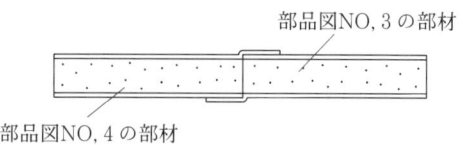

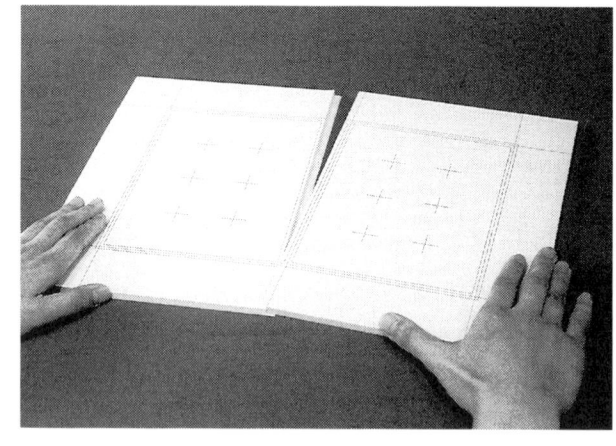

2. 基礎・束石の目印

　地盤面用紙に基礎や束石の位置をわかりやすくするために，針で穴をあけ目印とした後に，部品図の用紙をはがします。

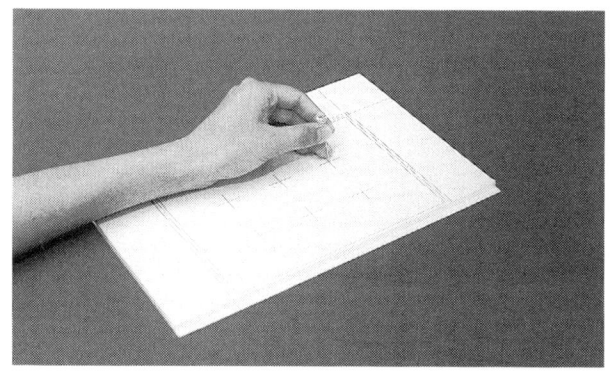

3．基礎の組立て

基礎の部品を切り出します。

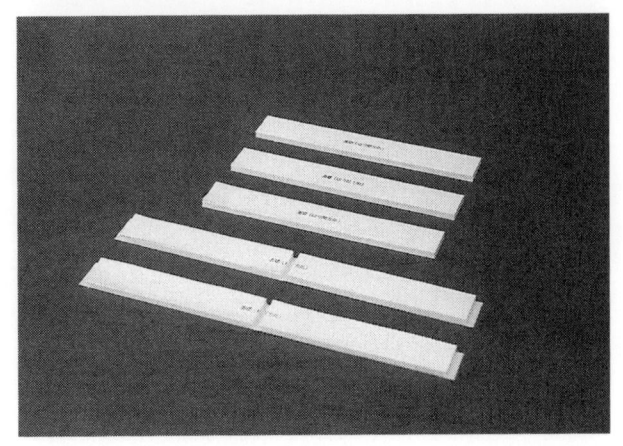

基礎の部品を，スチレンボード用接着剤（スチのり）を用いて組み立てます。地盤面への基礎の組立て位置は，針で穴をあけた位置を目印としてください。

【現場では】

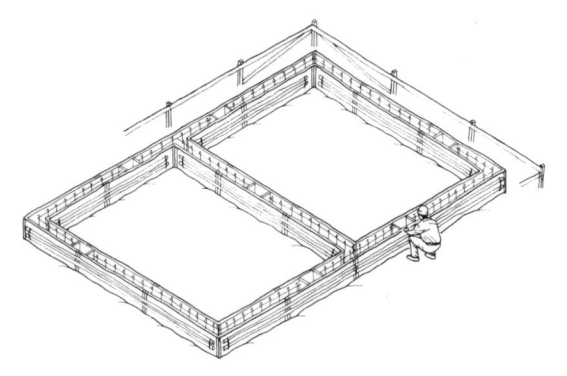

基礎立上り型枠組立て状況

アンカーボルトは，コンクリート基礎と土台を緊結するための埋込みボルトで，直径13mm以上のものを，間隔2.7m以内に，柱や土台の継手近くに設けます。

基礎仕上がり状況

【チェック】

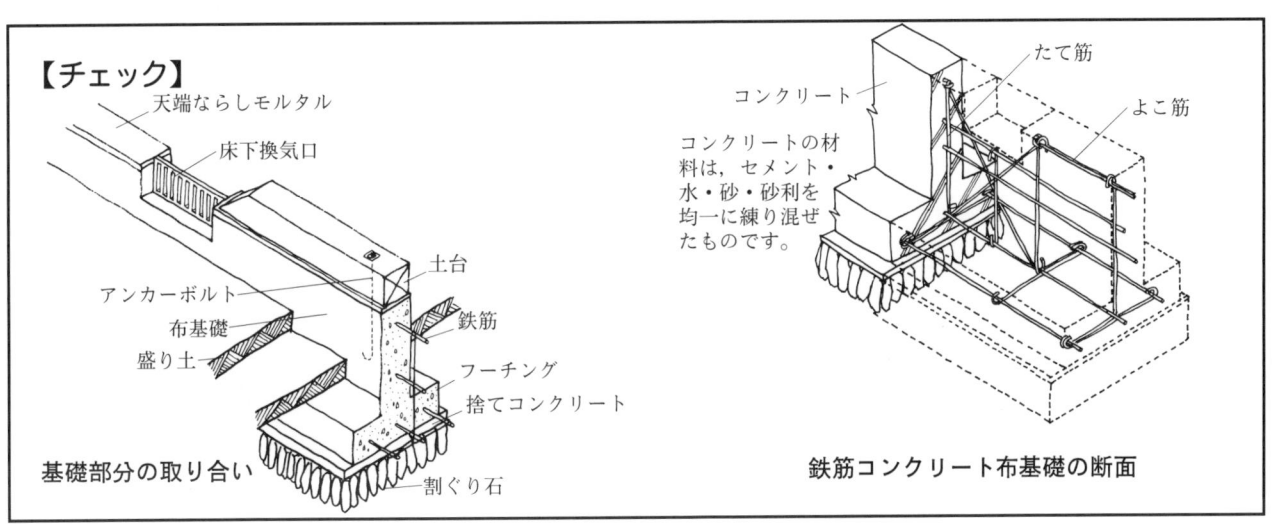

基礎部分の取り合い　　鉄筋コンクリート布基礎の断面

コンクリートの材料は，セメント・水・砂・砂利を均一に練り混ぜたものです。

基礎と地盤の基礎知識

基礎の役割

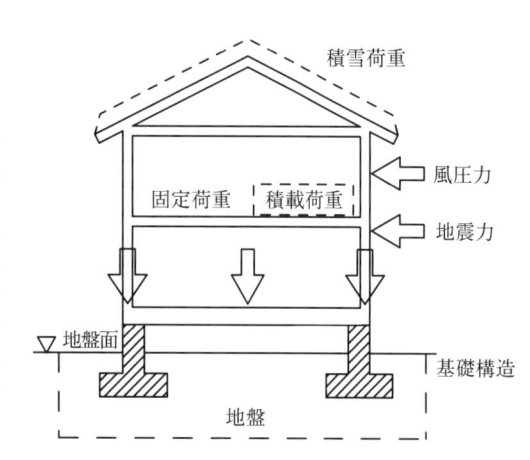

建物に作用する力は，鉛直方向に作用する力と水平方向に作用する力に分けられます。鉛直方向に作用する力としては，建物自体の重量（固定荷重）や人や家具などの重量（積載荷重）があります。

また，水平方向に作用する力として，風圧力や地震力があります。

基礎は，これらの力を地盤面に伝えるという重要な役割をもっています。

地盤調査

地盤とは，建物の荷重を受け止める地面（土地）のことを指します。

地盤の状態が悪いと，せっかく立派な建物を建てても砂上の楼閣になってしまいます。そのためには，地盤の状態を見極めて，それにふさわしい基礎を選択する必要があります。

地盤調査の中でもスウェーデン式サウンディング試験は，戸建住宅では最も一般的な試験方法で，貫入するときのおもりの重さと回転数から地盤の強さを推定します。地中の土のサンプルを採取できない欠点がありますが，費用と作業性に優れた試験方法です。

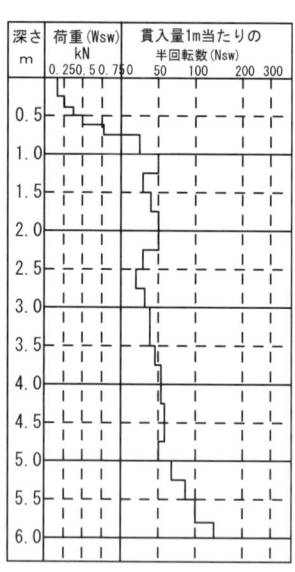

スウェーデン式
サウンディング試験状況

一般的な戸建て住宅で用いられる基礎

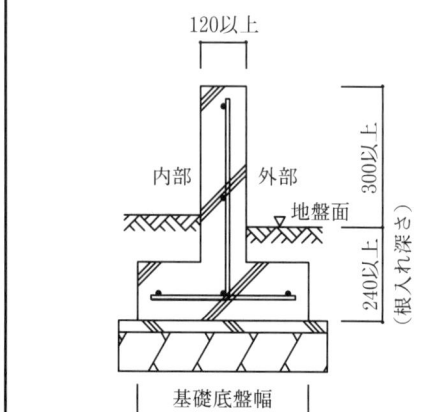

建物自体の重量を地盤が受ける場合，強固な地盤があれば基礎の底盤幅は小さくてもすみます。

地盤が軟弱なほど底盤幅は大きくなります。雪国のかんじきと同じ原理です。

地盤の許容応力度 (kN/㎡)	底盤幅の最低値(cm)		
	平屋建	2階建	その他
30以上50未満	30	45	60
50以上70未満	24	36	45
70以上	18	24	30

基礎の形式

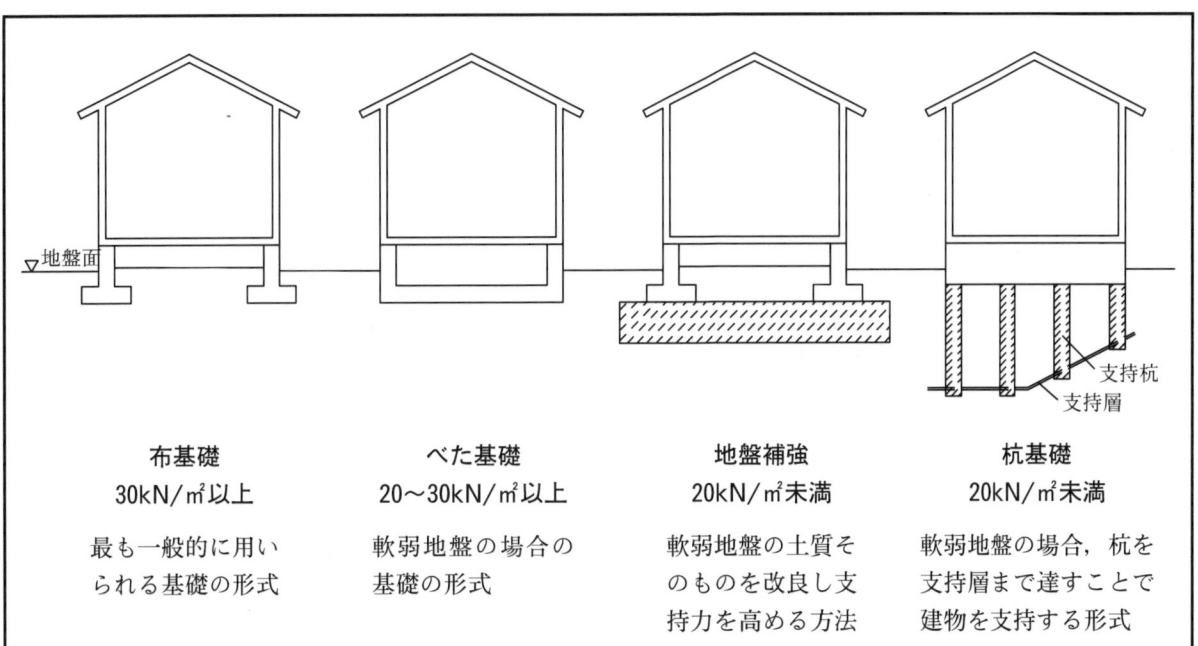

布基礎	べた基礎	地盤補強	杭基礎
30kN/㎡以上	20〜30kN/㎡以上	20kN/㎡未満	20kN/㎡未満
最も一般的に用いられる基礎の形式	軟弱地盤の場合の基礎の形式	軟弱地盤の土質そのものを改良し支持力を高める方法	軟弱地盤の場合，杭を支持層まで達すことで建物を支持する形式

基礎の構成と配筋

布基礎の構成

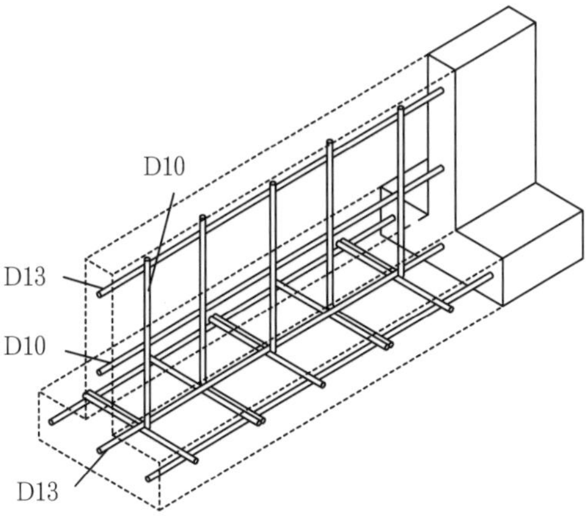

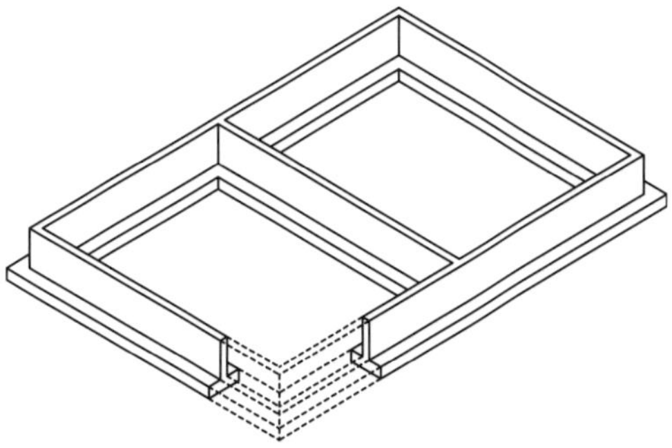

布基礎は，断面が逆T字の形状を連続したもので，コンクリートの内部に所定の径と間隔で鉄筋を配した鉄筋コンクリート構造です。

べた基礎の構成

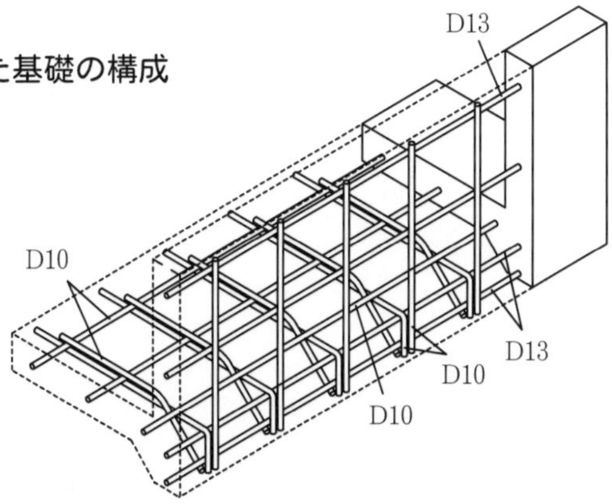

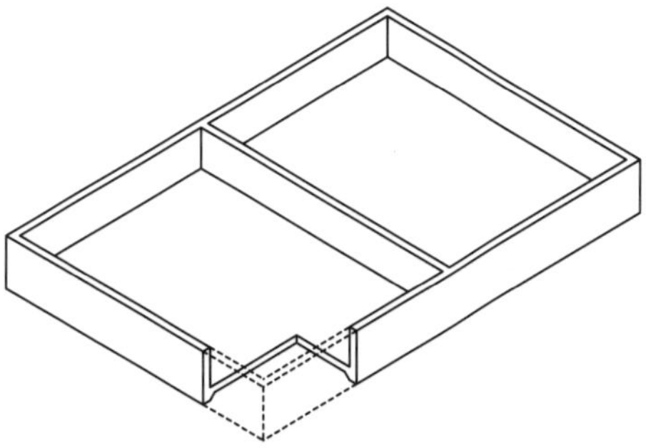

べた基礎は，建物平面の全体に鉄筋コンクリート構造の板をつくるもので，建物の重さを床全面で支えます。

❸ 床束

【ポイント】
　束石(つかいし)は，2枚のスチレンボードを貼り合わせて1枚にします。束石の組立て位置は，地盤面の部品に針で穴をあけた位置を目印とします。

【ヒント】

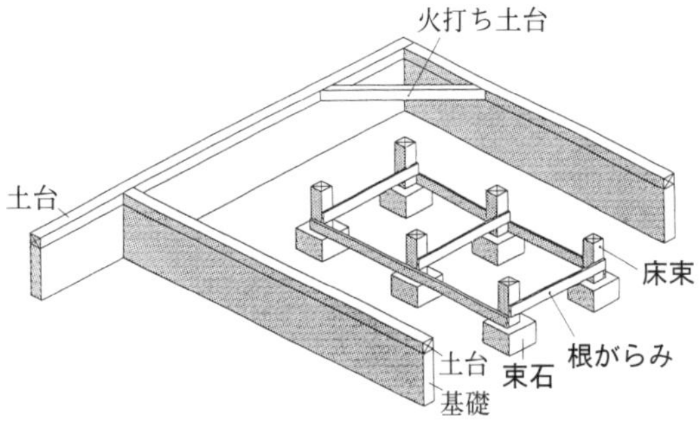

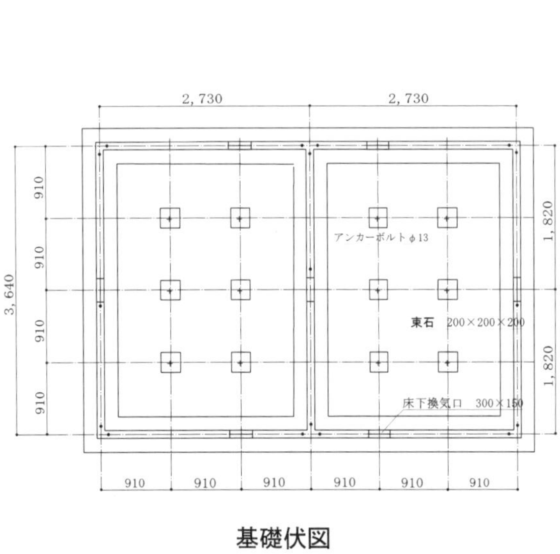

1．束石の組立て

　束石の部品を切り取り，束石2枚を貼り合わせ1つの部材にします。

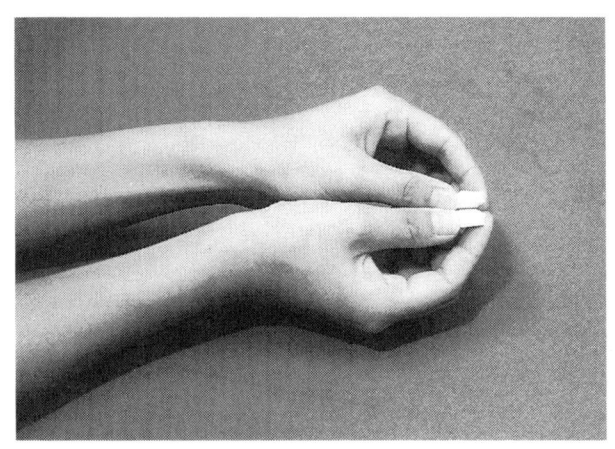

2．束石の貼付け

　束石の部品を，スチレンボード用接着剤（スチのり）を用いて組み立てます。地盤面への束石の組立て位置は，針で穴をあけた位置を目印としてください。

3. 床束の組立て

床束(ゆかつか)の部品を切り取り，束石の中央にくるようにスチレンボード用接着剤（スチのり）を用いて組み立てます。

4. 根がらみの組立て

根がらみの部品を切り取り，適当な長さになるように切断し，床束に貼り付けます。

【現場では】

実際の手順は，間柱工事以降の軀体(くたい)が完成した後に施工します。

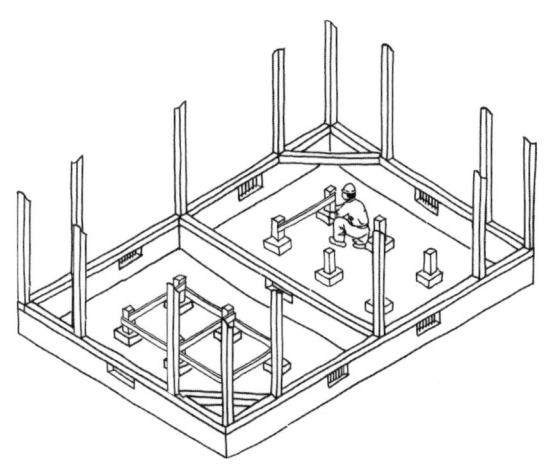

床束組立て状況

束石組立て状況

【チェック】

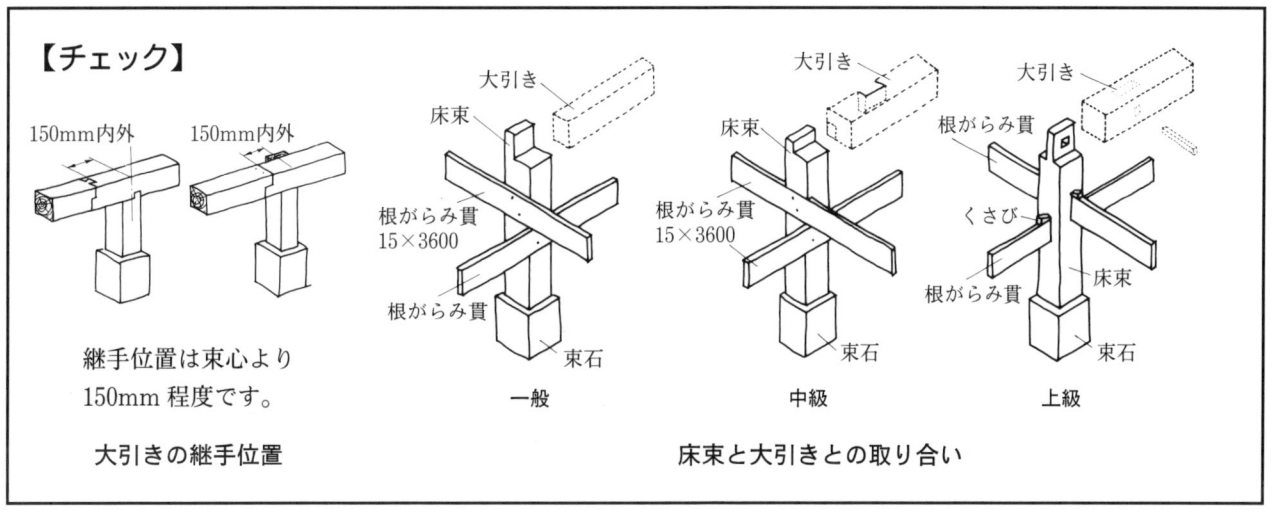

継手位置は束心より150mm程度です。

大引きの継手位置　　　　　床束と大引きとの取り合い

❹ 土　台

【ポイント】
　土台の組立て手順の説明文に,「はり間方向」と「けた方向」の言葉が出てきます。基本的に建物の短辺方向がはり間方向で,建物の長辺方向がけた方向となります。

【ヒント】

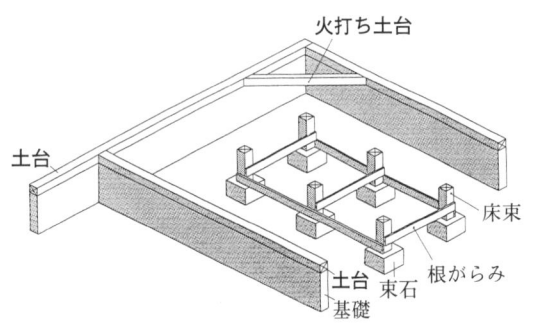

火打ち
　地震や風圧で生じた水平力に対する変形を防止します。種類は, 1階の火打ち土台, 2階・小屋の火打ちばりがあります。

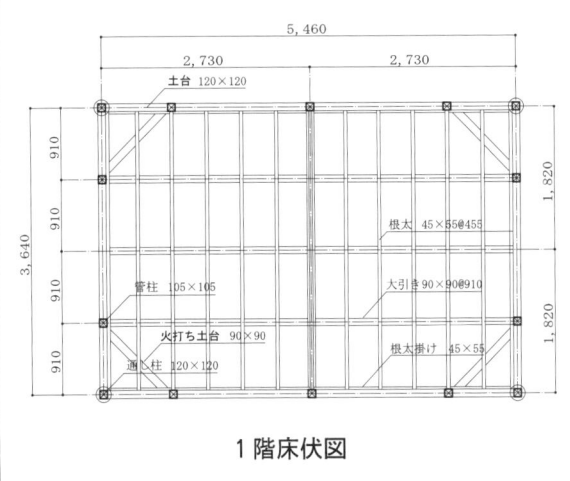

1階床伏図

1．はり間方向の土台の組立て

　はり間方向の土台の部品を切り取り,スチレンボード用接着剤（スチのり）を用いて基礎の上に組み立てます。

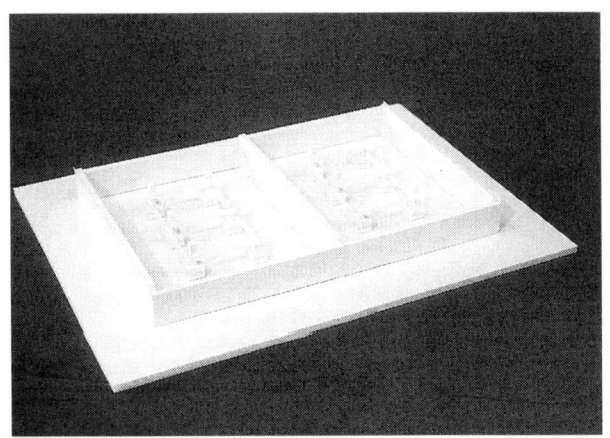

2．けた方向の土台の組立て

　けた方向の土台の部品を切り取り,スチレンボード用接着剤（スチのり）を用いて基礎の上に組み立てます。

3. 火打ち土台の組立て

　火打ち土台の部分を切り取り，スチレンボード用接着剤（スチのり）を用いて，土台に45度になるように組み立てます。

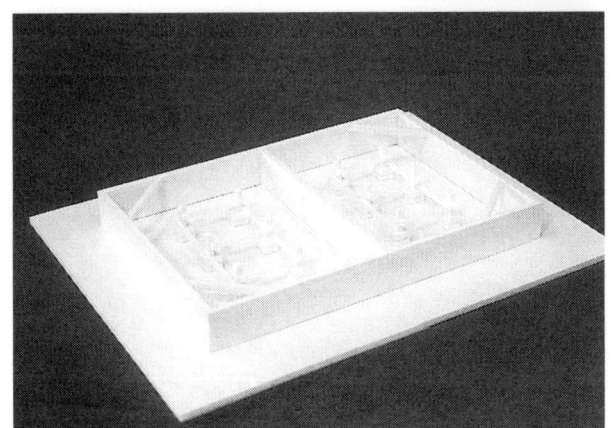

【現場では】

土台組立て状況

土台組立て状況

【チェック】

継手
　部材を直線状に継ぐ方法

仕口
　部材をある角度で接合する方法

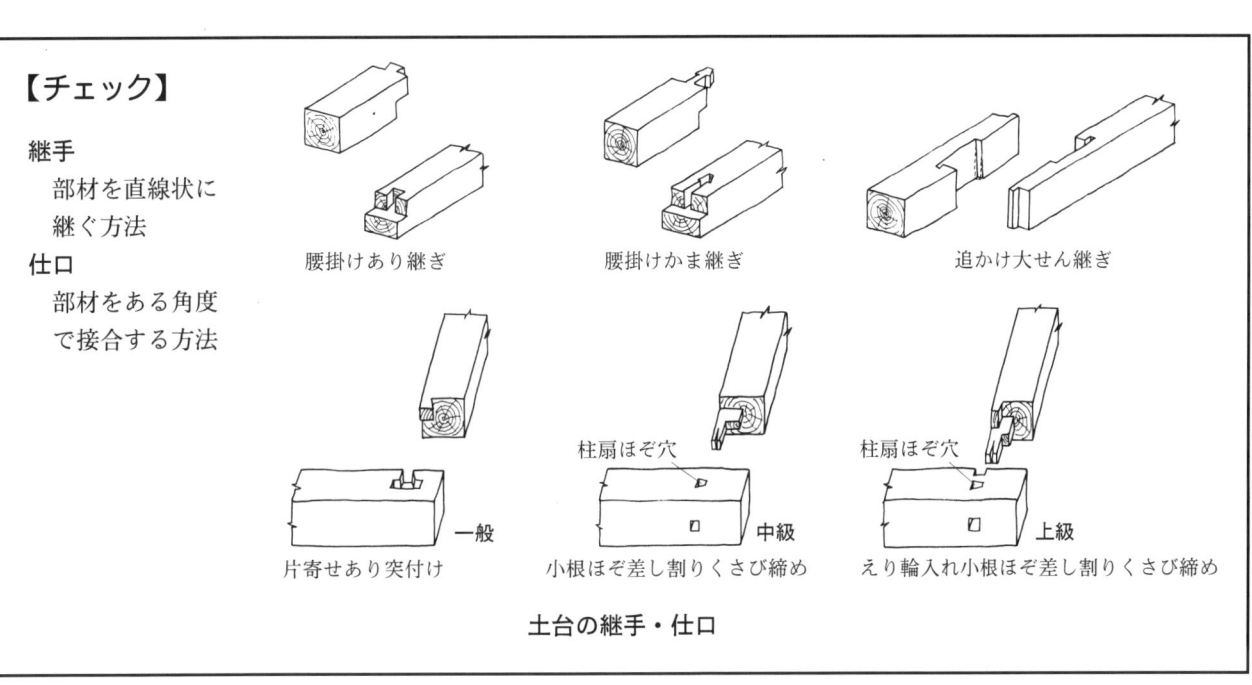

腰掛けあり継ぎ　　腰掛けかま継ぎ　　追かけ大せん継ぎ

片寄せあり突付け（一般）　　小根ほぞ差し割りくさび締め（中級）　　えり輪入れ小根ほぞ差し割りくさび締め（上級）

土台の継手・仕口

❺ １階床

【ポイント】
　大引き部品の中央ののりしろ加工は，部品を半分だけ削っています。以外と難しいですが，削りすぎた場合は，スチレンボードの端材で穴埋めします。

1．大引きの加工

　大引きの部品を切り取り，下図のように加工します。

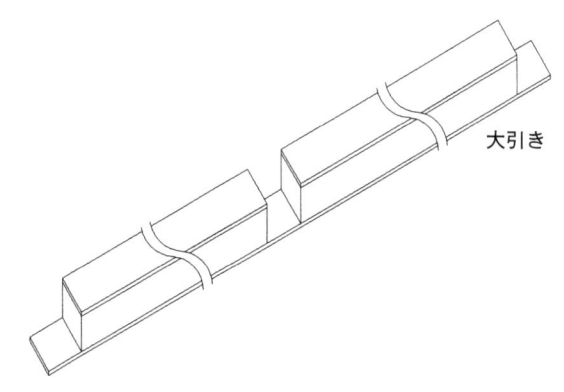

2．大引きの組立て

　加工した大引きの部品を，スチレンボード用接着剤（スチのり）を用いて床束(ゆかづか)の上に組み立てます。

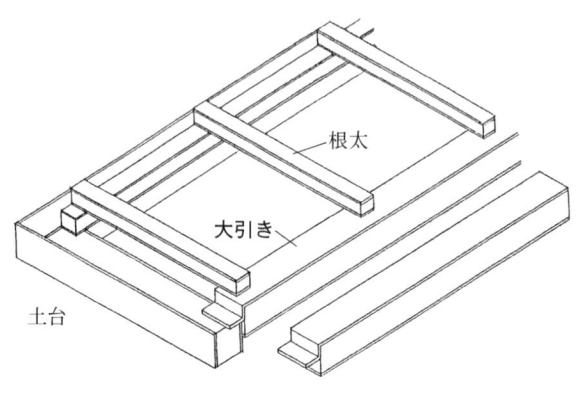

【ヒント】

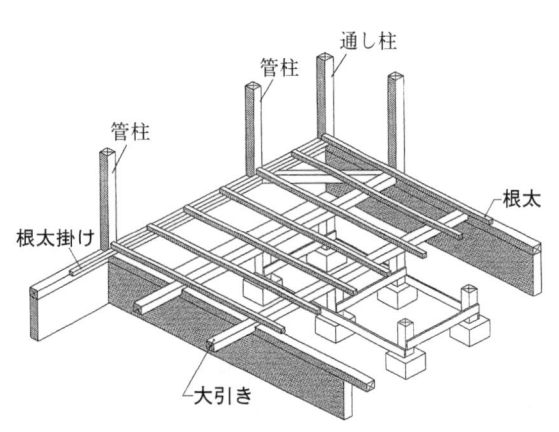

　平面図では，中央部に敷居がありますが，ここでは製作の都合上簡略化しています。

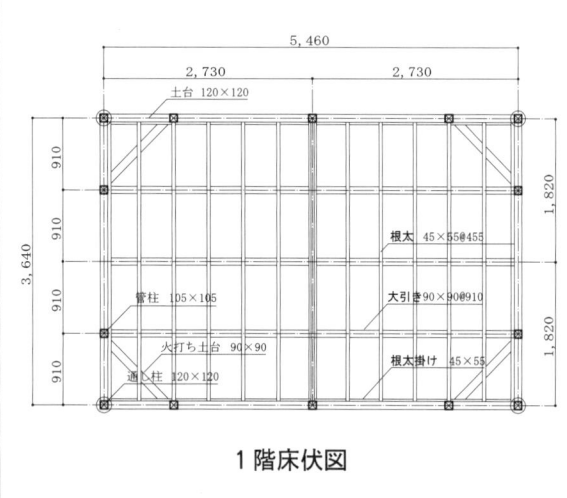

１階床伏図

3. 根太掛けの組立て

根太掛け(ねだかけ)の部品を切り取り，はり間方向に根太掛けを組み立てます。

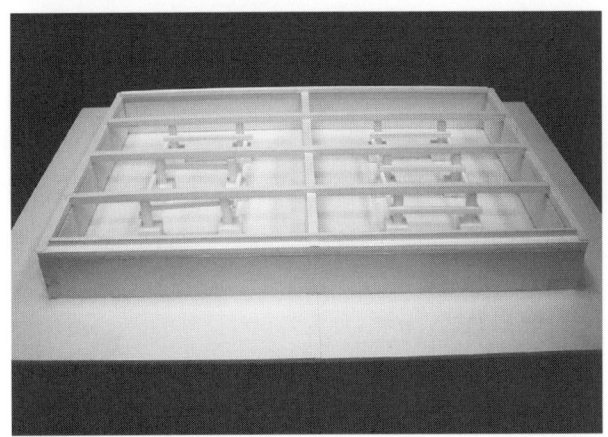

4. 根太の組立て

根太の部品を切り取り，**根太掛けの上に大引きと直交するように**組み立てます。

等間隔になるように，付属の根太間隔定規を用いて組み立てましょう。

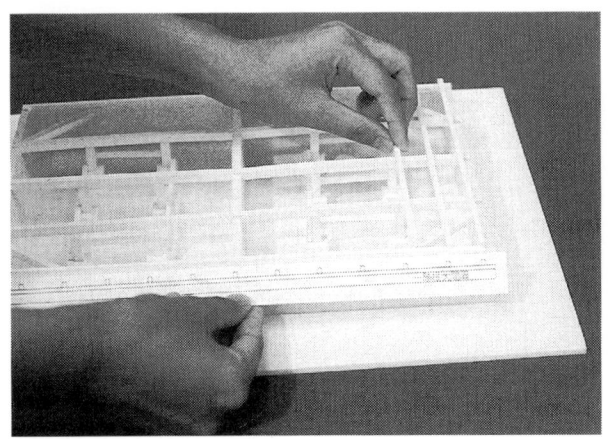

【現場では】

実際の手順は，間柱工事以降の軀体が完成した後に施工します。

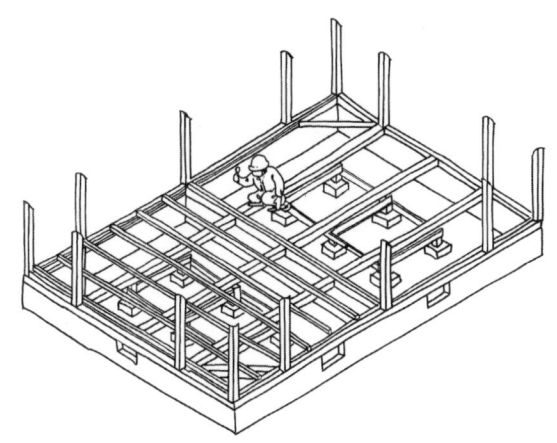

1階床組立て状況

根太と根太掛けの取り合い

【チェック】

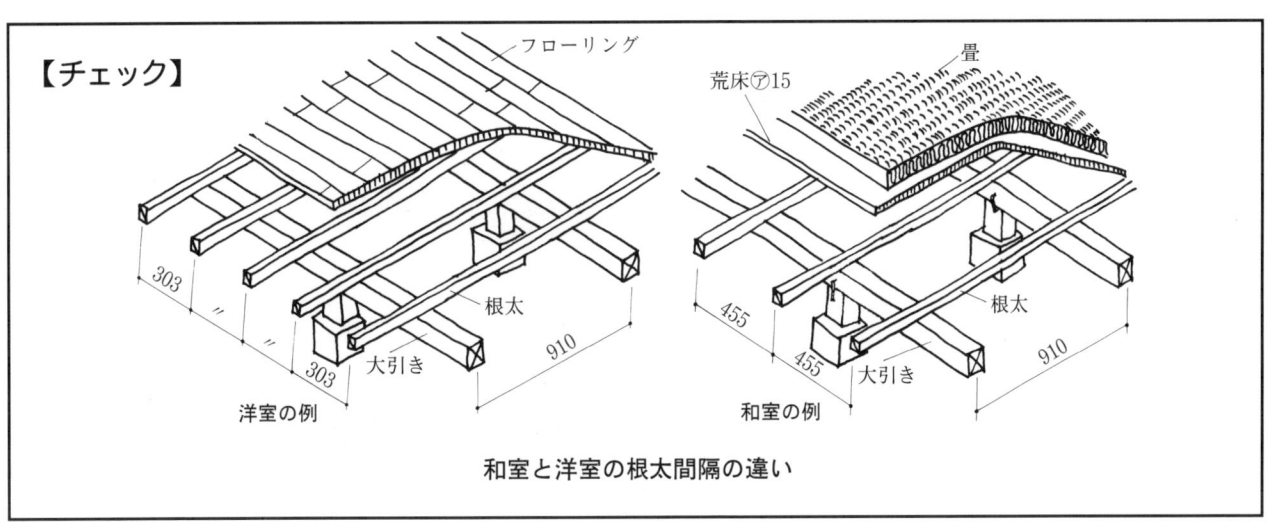

和室と洋室の根太間隔の違い

❻ 建て方1（柱）

【ポイント】
　通し柱部品を垂直に建てるために，スチレンボードの端材とマスキングテープを用いて直角定規等を見ながら垂直に仮止めします。

【ヒント】

通し柱
　木造2階以上の建物で，土台から軒桁（のきげた）まで一本で通した柱のこと。

管柱（くだばしら）
　土台から軒まで一本の柱で通さず，2階建の場合，1階と2階を胴差しで上下に分けられる柱のこと。

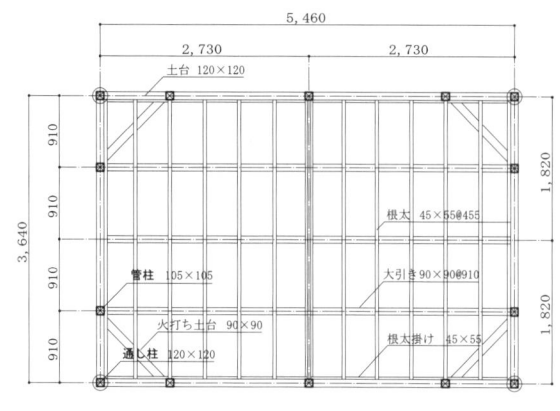

1階床伏図

1．通し柱の加工

　通し柱の部品を切り取り，下図のように加工します。

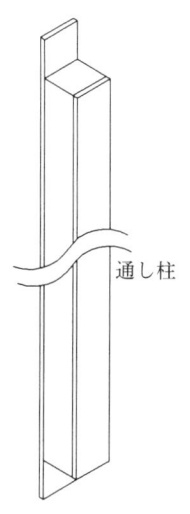

通し柱

2．通し柱の組立て

　加工した通し柱の部品を，土台の四隅に組み立てます。通し柱を土台に接着した後に，垂直に立てるように，スチレンボードの端材のマスキングテープを用いて仮止めします。

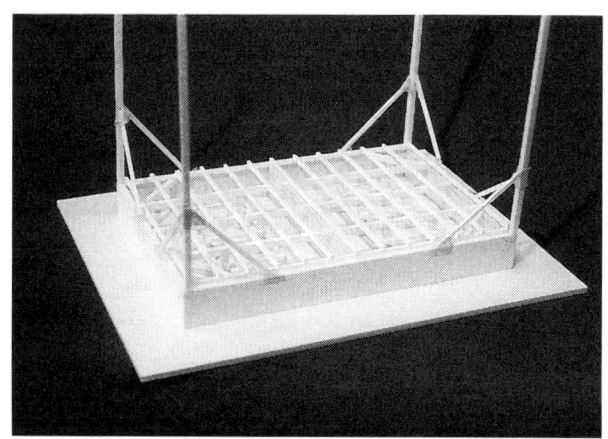

3．1階管柱の組立て

管柱(くだばしら)の立つ位置を，土台に鉛筆を用いて印を付けます。

管柱の部品を切り取ります。窓台やまぐさの表示のある部品は，部品シールをはがす前に，窓台下端やまぐさ上端の印を鉛筆で付けておきます。

管柱を垂直になるように組み立てるために，通し柱間をスチレンボードの端材をマスキングテープを用いて仮止めします。これに沿うようにして，管柱を所定の位置に組み立てます。

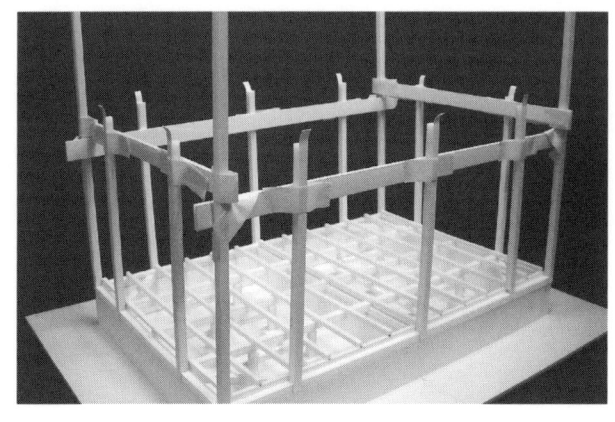

【現場では】

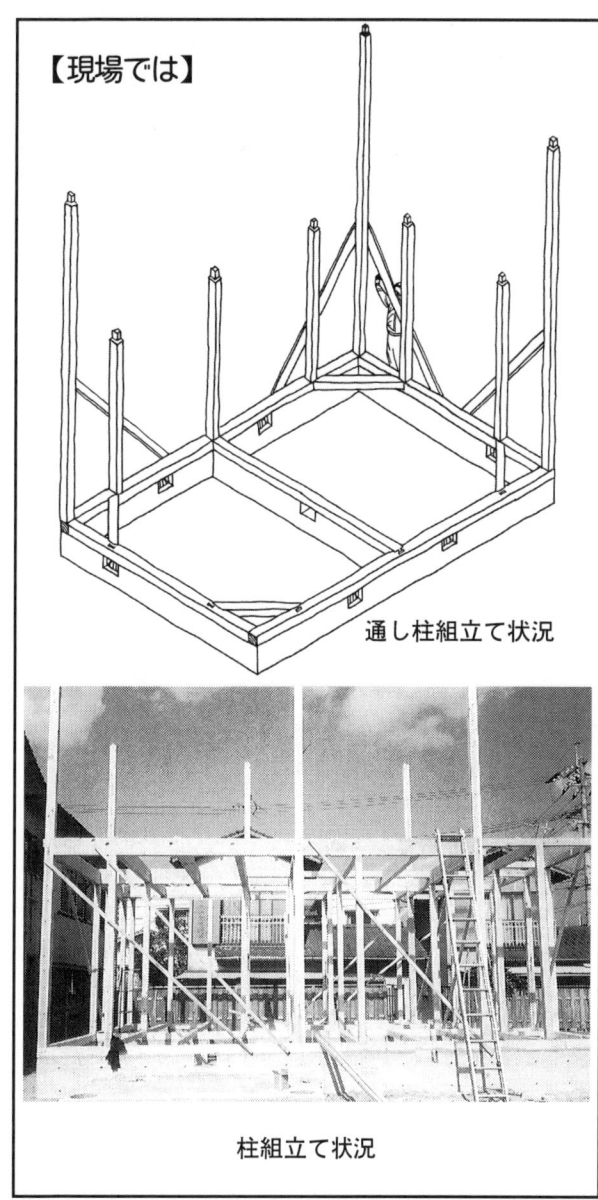

通し柱組立て状況

柱組立て状況

【チェック】

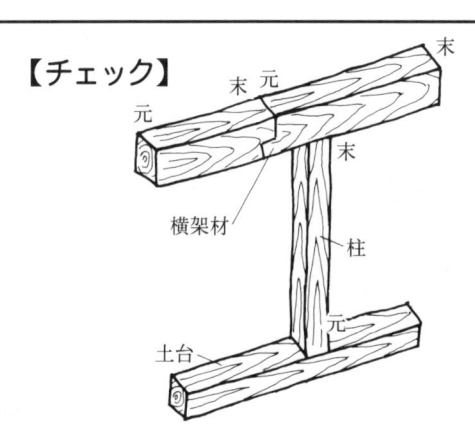

柱と横架材との関係

柱は，下部からの吸水を避けるため，元口を上，末口を下として保管します。

しかし，建て方時には，末口を上，元口を下にして建て込みます。

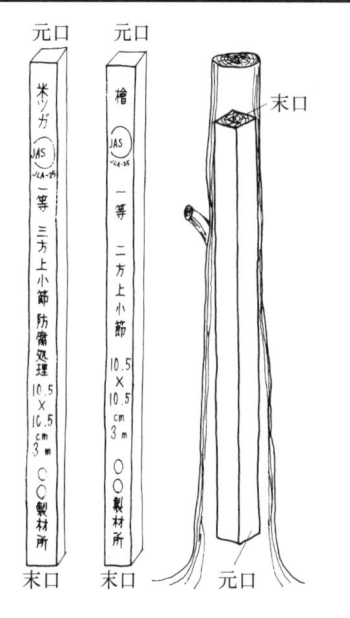

木材の元口と末口

❼ 建て方 2 （はり）

【ポイント】
胴差しや2階ばりを組み立てるときに，再度，通し柱が垂直に立っているか確認した後に接着します。

【ヒント】

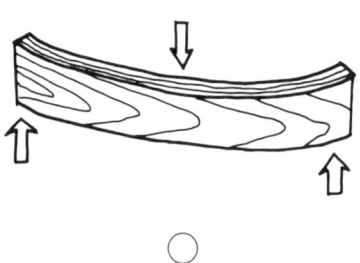

○

はりの使用方法
同じ断面形状でも，鉛直方向の荷重に対しては，縦長に用いたほうが変形しにくい。

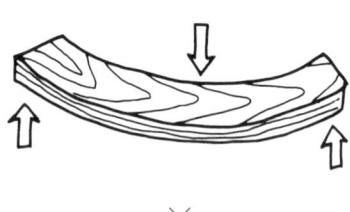

×

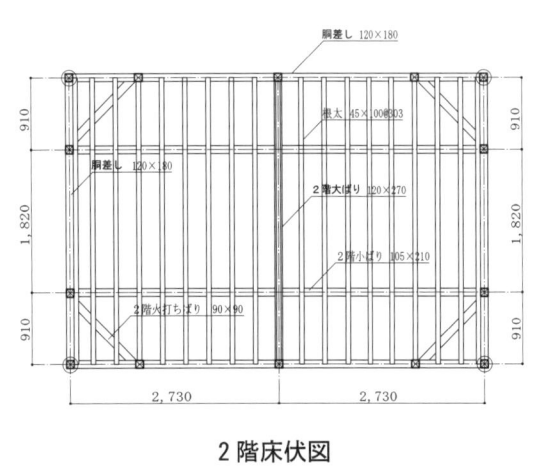

2階床伏図

1．胴差しの加工

胴差しに部品を切り取り，下図のように加工します。

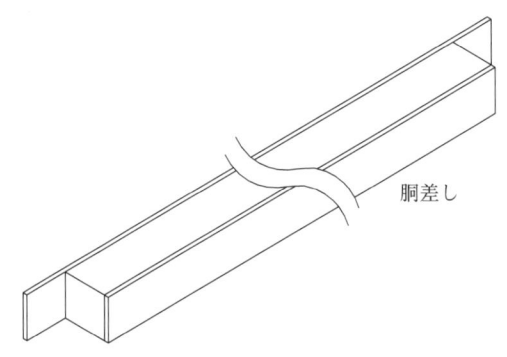

胴差し

2．胴差しの組立て

加工した胴差しの部品を，管柱（くだばしら）の上部に組み立てます。通し柱や管柱が垂直になるように組み立てます。接着した後に，端材やマスキングテープなどの仮止めをはずします。

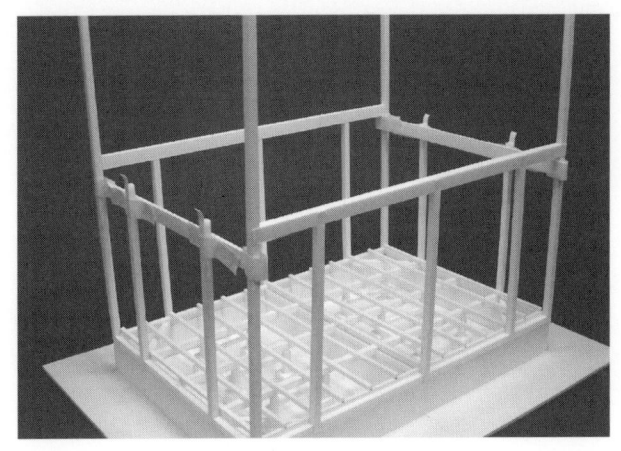

3. 2階ばりの組立て

加工した2階ばりの部品を、胴差しと高さがそろうように組み立てます。

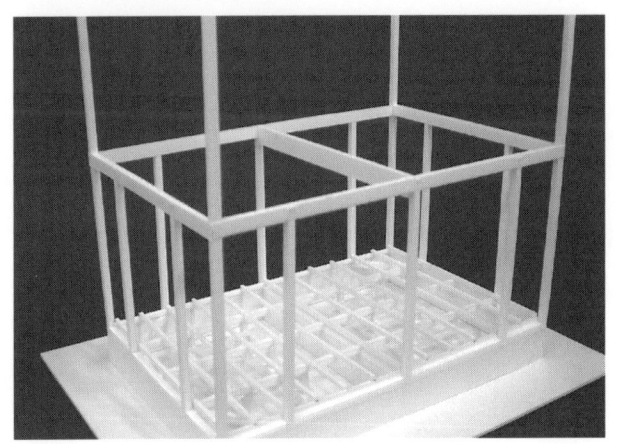

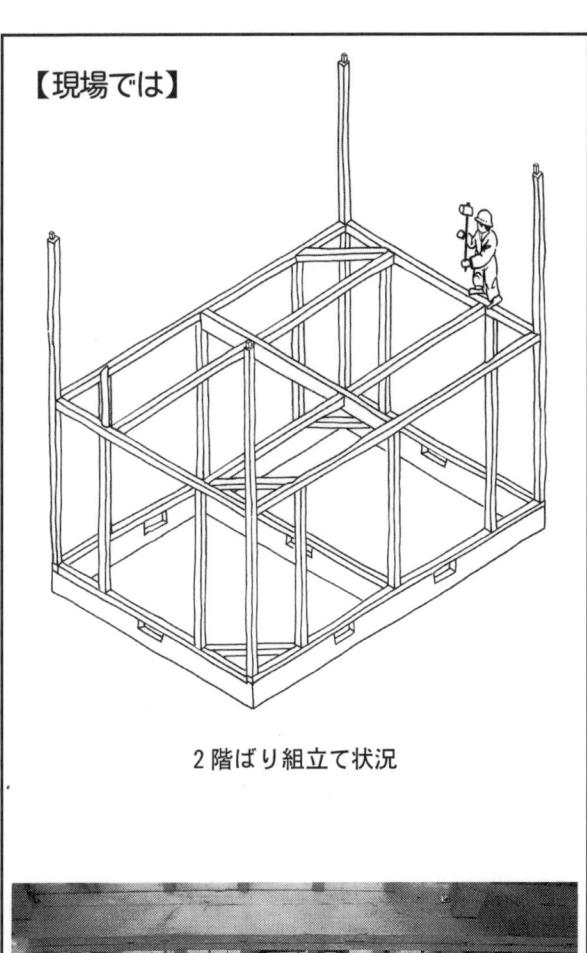

2階ばり組立て状況

2階ばり組立て状況

【チェック】

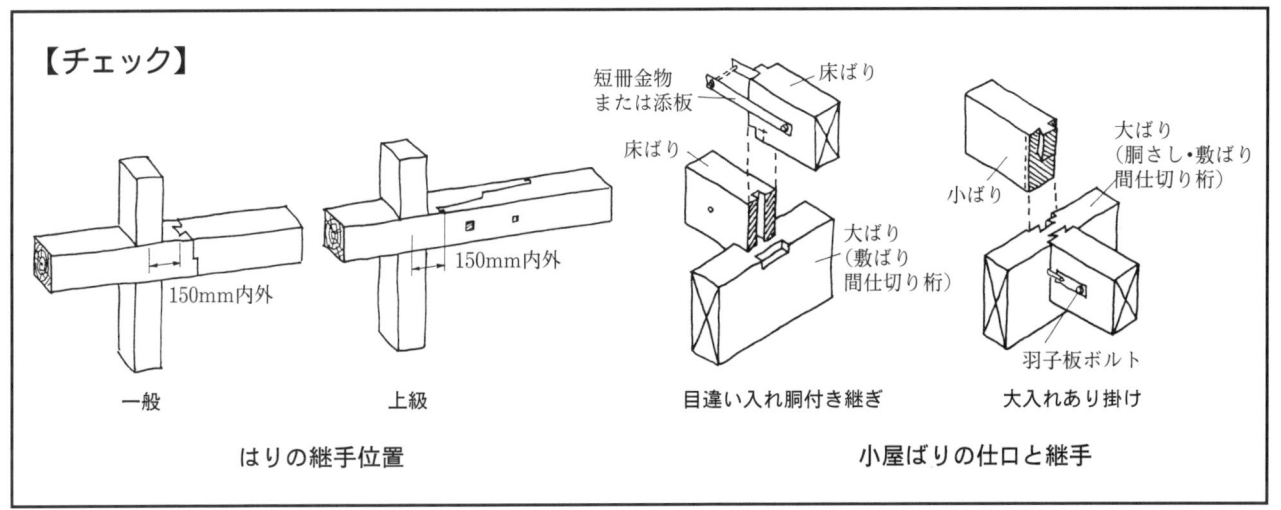

はりの継手位置 （一般／上級　150mm内外）

小屋ばりの仕口と継手（目違い入れ胴付き継ぎ／大入れあり掛け）

⑧ 建て方 3 （2階床）

【ポイント】
　根太（ねだ）の部品加工は，細い部品を多量に切り出しますので，失敗したらスチレンボードの端材で部品を作り直しましょう。
　また，根太の間隔が均等になるように，根太間隔用の模型製作定規を用いて組み立てます。

【ヒント】

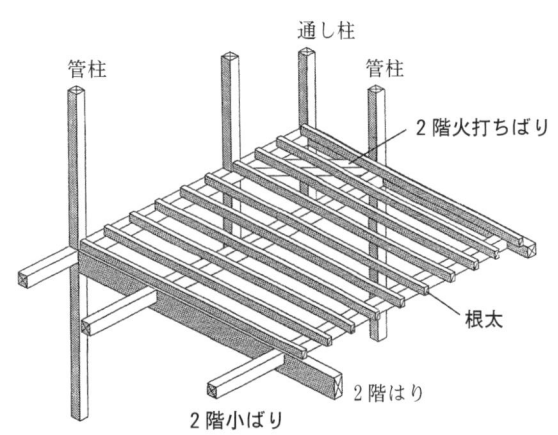

　2階の床は，床の規模からすれば複床が適切ですが，ここでは学習用として組床にしています。

2階床伏図

1. 2階小ばりの組立て

　2階小ばりの部品を切り取り，下図のように組立てます。

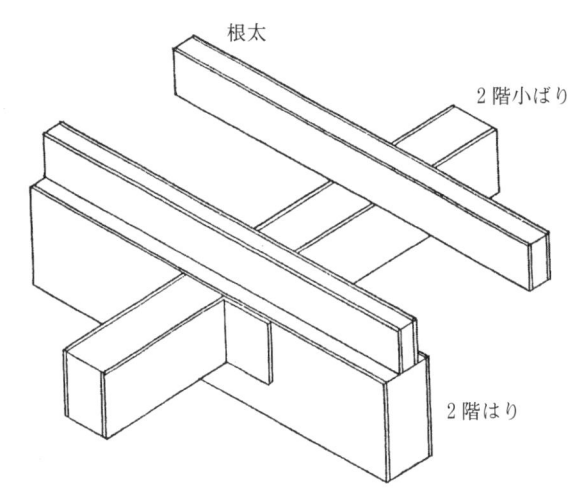

2. 2階小ばりの割付け

　加工した2階小ばりの部品を，けた方向に2本組み立てます。

3. 2階火打ちばりの組立て

切り出した2階火打ちばりの部品を，胴差しと高さがそろうように四隅に組み立てます。

4. 根太の組立て

根太の部品を切り取り，根太掛けの上に大引きと直交するように組み立てます。

等間隔になるように，付属の模型作製定規を用いて組み立てましょう。

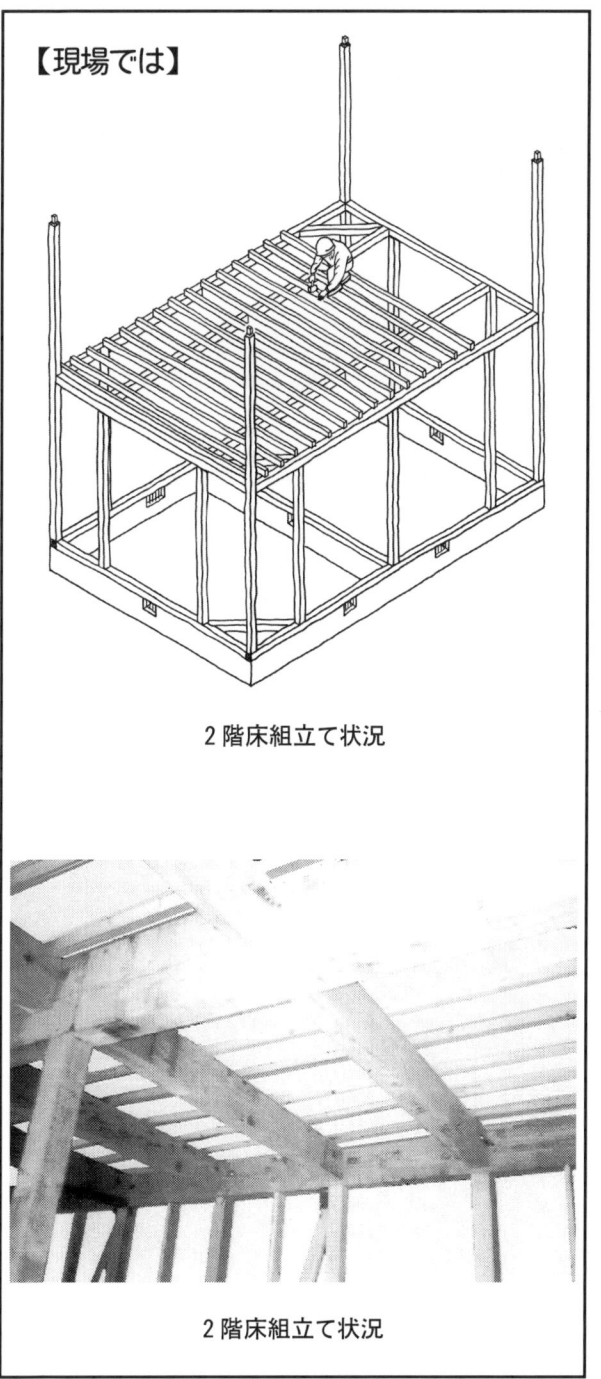

【現場では】

2階床組立て状況

2階床組立て状況

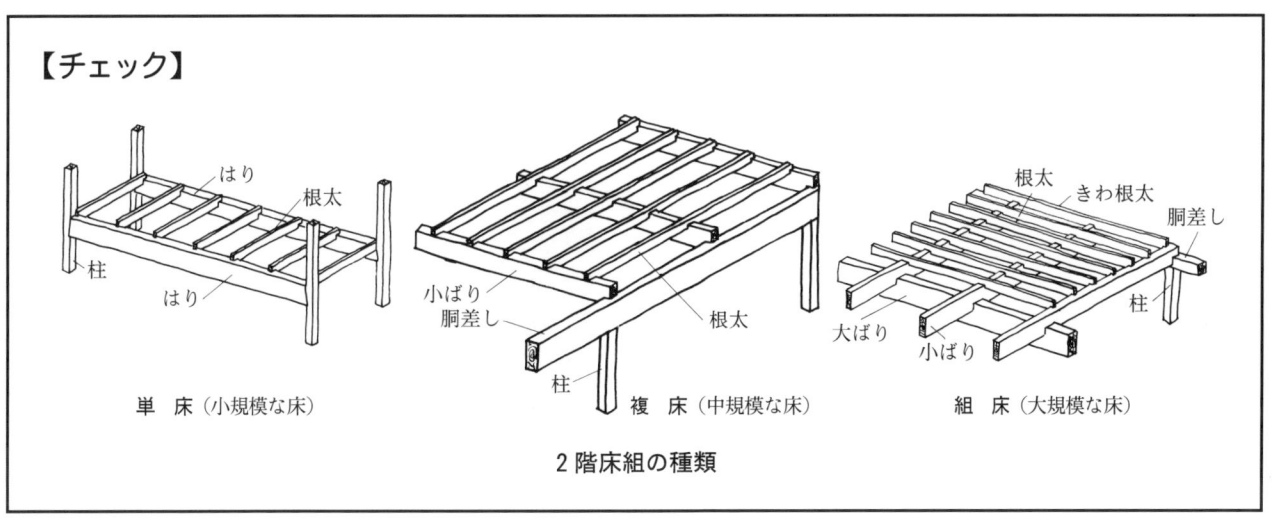

【チェック】

単床（小規模な床）　　複床（中規模な床）　　組床（大規模な床）

2階床組の種類

❾ 建て方 4 （2階柱）

【ポイント】
　2階管柱(くだばしら)部品を垂直にたてるために，スチレンボードの端材をマスキングテープを用いて仮止めし，それに管柱が垂直に立つように仮止めします。

【ヒント】

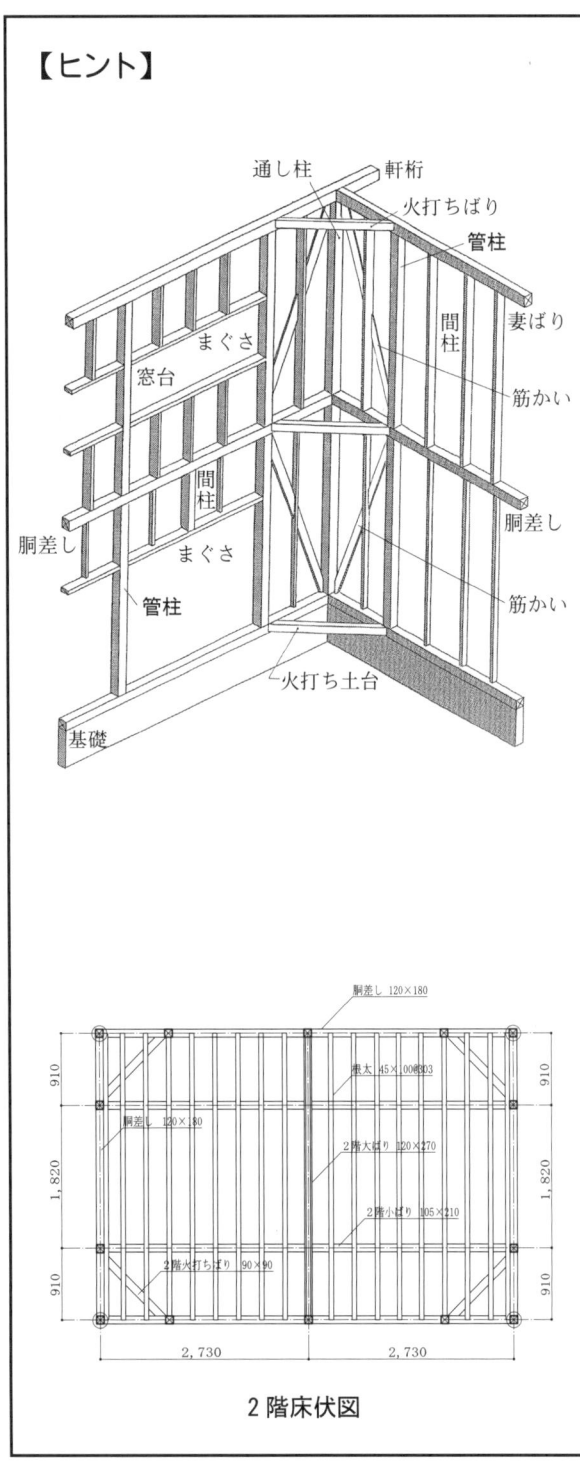

2階床伏図

1．2階管柱の組立て

管柱のたつ位置を，胴差し上部に鉛筆を用いて印を付けます。

管柱の部品を切り取ります。窓台やまぐさの表示のある部材は，部材シールをはがす前に，窓台下端やまぐさ上端の印を鉛筆で付けておきます。

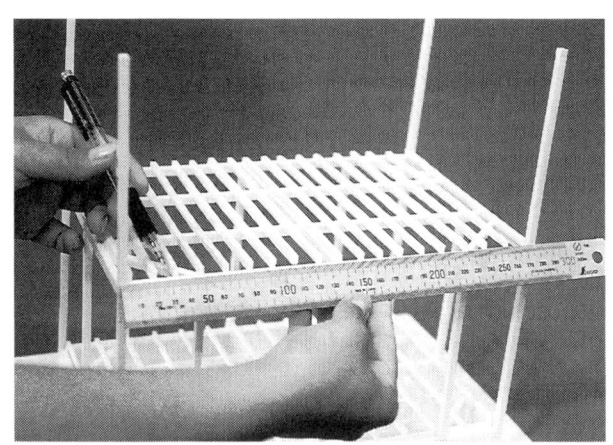

管柱を垂直になるように組み立てるために，通し柱間をスチレンボードの端材とマスキングテープを用いて仮止めします。これに沿うようにして，管柱を所定の位置に組み立てます。

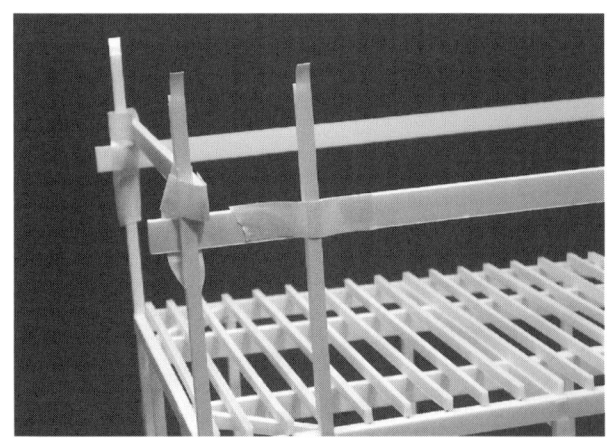

【現場では】

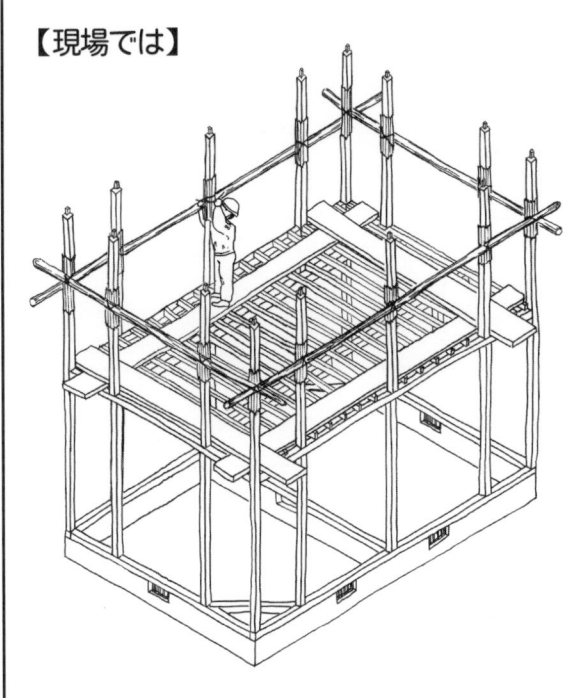

2階管柱組立て状況

柱組立て状況

【チェック】

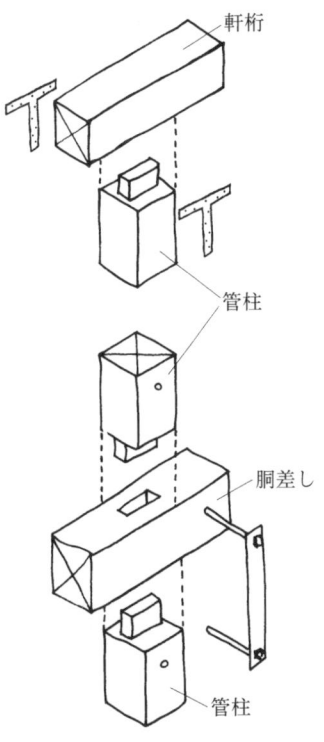

管柱と軒桁・胴差しとの取り合い

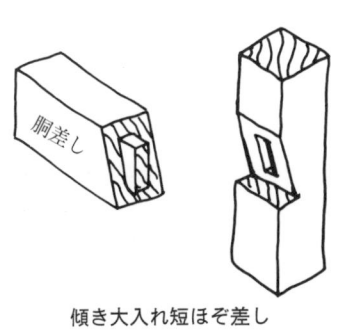

傾き大入れ短ほぞ差し

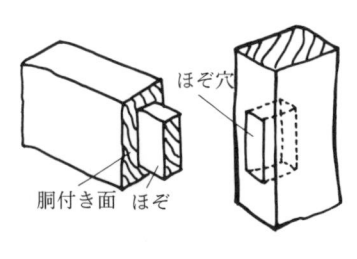

大入れ短ほぞ差し

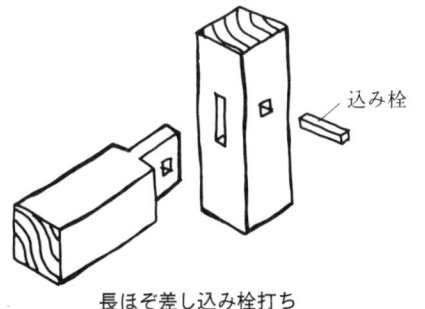

長ほぞ差し込み栓打ち

柱と横架材（はり，軒桁）の仕口

⑩ 建て方5（小屋ばり）

【ポイント】

軒桁（のきけた）や次の工程の棟木（むなぎ）や母屋（もや）の部品は，2つの部品を継ぎ合わせて作ります。

屋根の応用（寄棟＋切妻）に挑戦したい人は，⑩，⑪，⑫の工程を参考にして，⑯の工程で屋根を仕上げて下さい。部材シールも「屋根応用（寄棟）」を用います。

【ヒント】

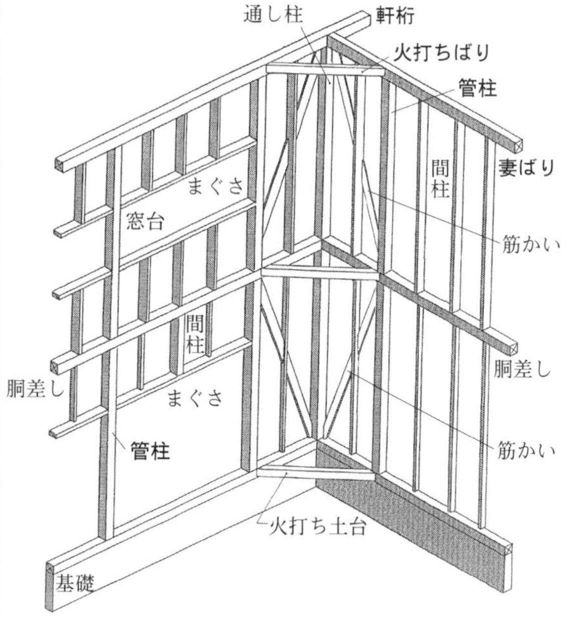

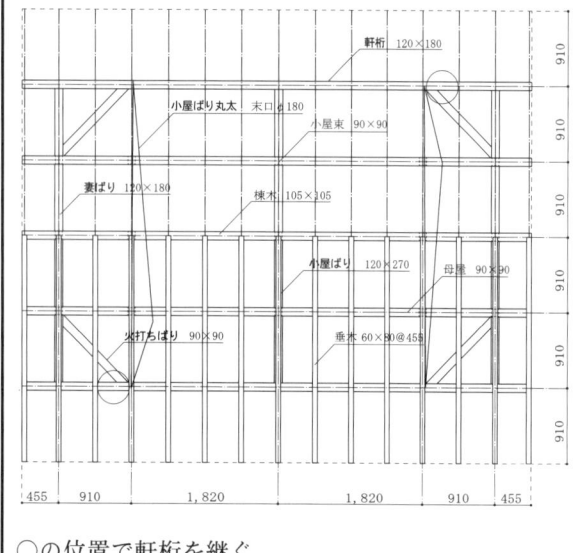

○の位置で軒桁を継ぐ
小屋伏図

1. 軒桁の加工

軒桁の部品を切り取り，下図のように2つの部材を継ぎ合わせます。

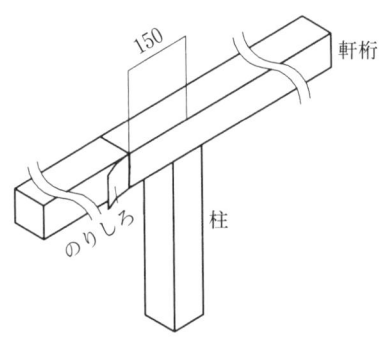

2. 軒桁の組立て

加工した軒桁の部品を，けた方向に2本組み立てます。

3. 妻ばりの組立て

切り出した妻ばりの部品を，はり間方向に2本組み立てます。

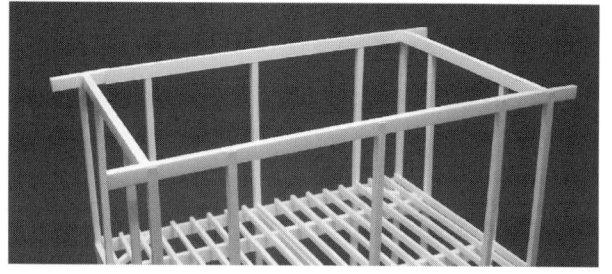

4．小屋ばりの組立て

　小屋ばり丸太や小屋ばりの組立て位置を，軒桁(のきげた)に鉛筆を用いて印をつけます。

　小屋ばりや小屋ばり丸太を，所定の位置に組み立てます。

5．火打ちばりの組立て

　切り出した火打ちばりの部品を，軒桁・妻ばりと高さがそろうように四隅に組み立てます。

【現場では】

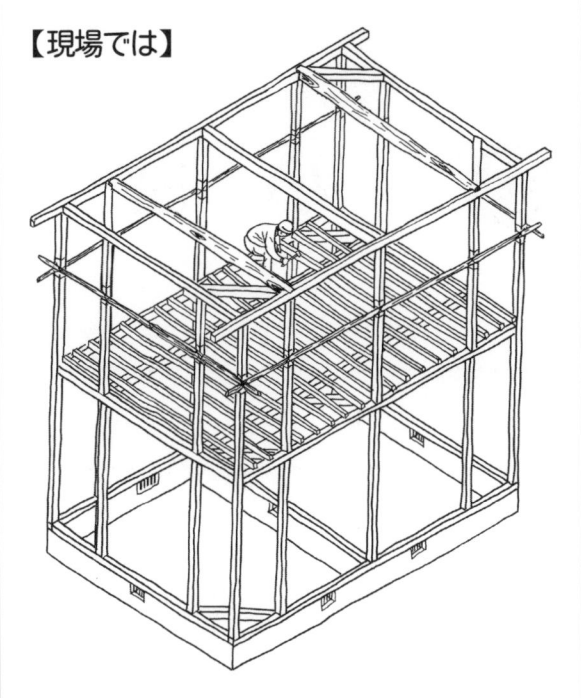

小屋ばり組立て状況

小屋ばり組立て状況

【チェック】

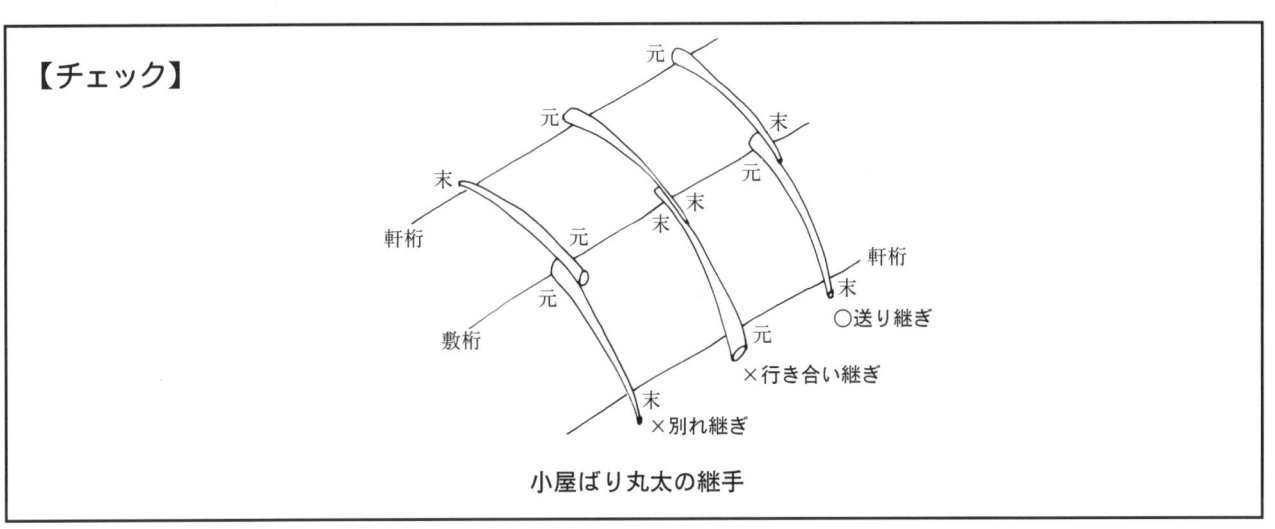

小屋ばり丸太の継手

⑪ 小屋組

【ポイント】
　小屋束(こやづか)は，小屋束高さ用の模型作製定規を用い，所定長さに切断した後に組み立てます。小屋ばり丸太は，曲がった材料のため，小屋ばり丸太上の小屋束高さは，他の小屋束高さと異なります。

【ヒント】

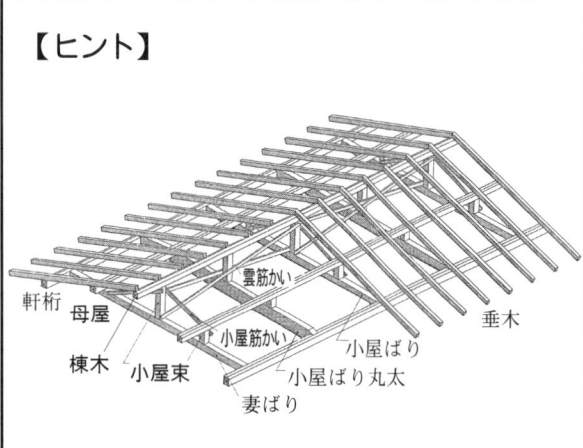

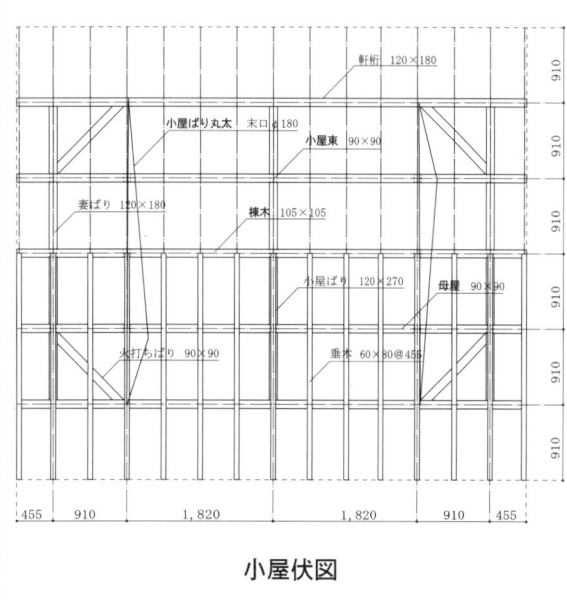

小屋伏図

1．棟木・母屋の加工

　母屋(もや)・棟木(むなぎ)の部品を切り取り，2つの部材を継ぎ合わせ，部材の角をカッターナイフの角度を一定に保つように立てて削り落とします。

2．小屋束の組立て

　小屋束の部品を切り取り，**小屋束**用の模型作製定規を用いて所定の長さに切断します。

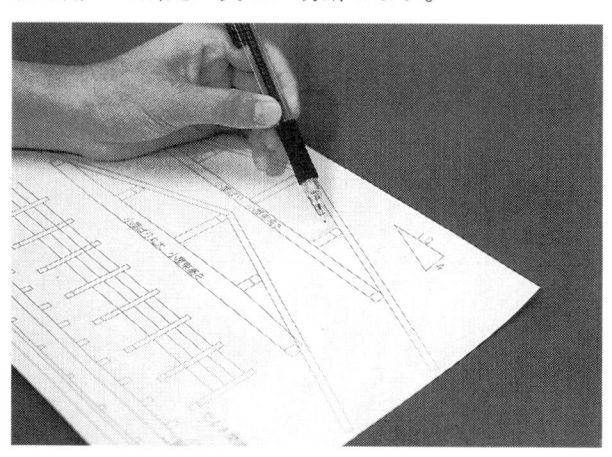

　妻ばり，小屋ばり，小屋ばり丸太の上に**小屋束**を組み立てます。

3. 棟木・母屋の組立て

小屋束の上に棟木・母屋を組み立てます。

4. 雲筋かい・小屋筋かいの組立て

雲筋かい・小屋筋かいの部品を切り取り，小屋束に貼り付けます。

【現場では】

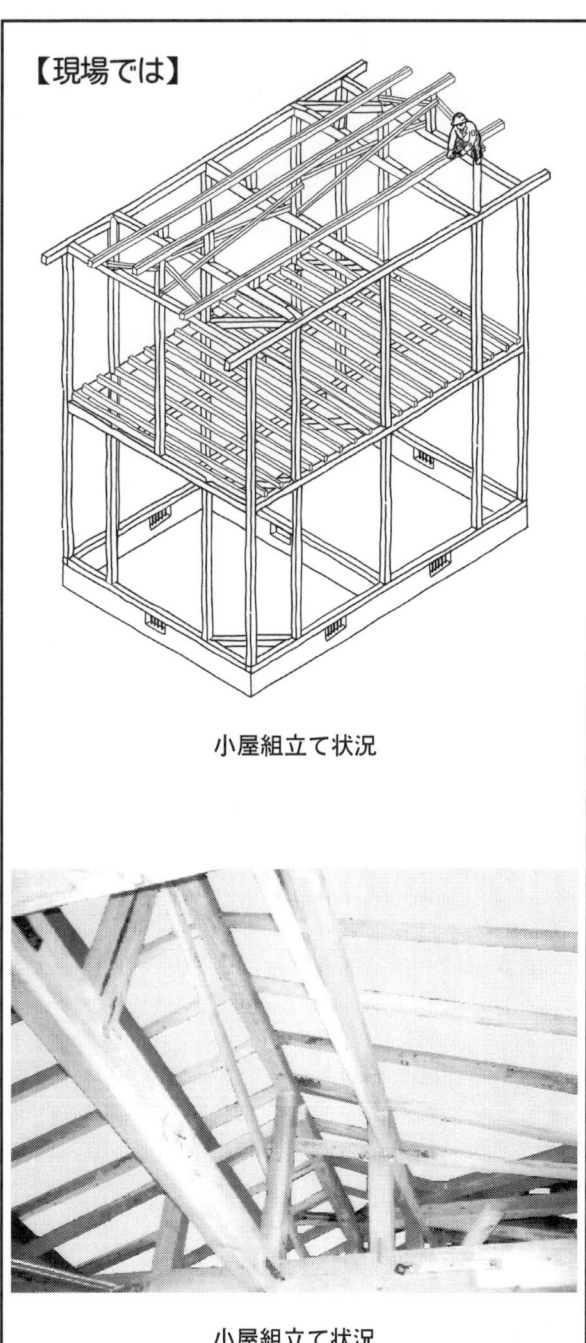

小屋組立て状況

小屋組立て状況

【チェック】

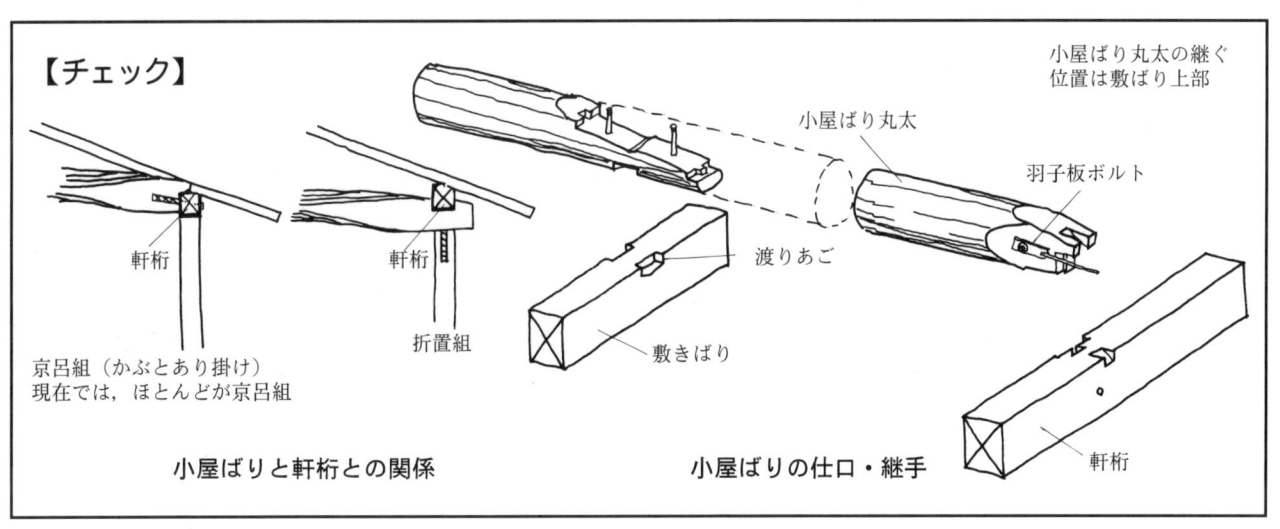

京呂組（かぶとあり掛け）
現在では，ほとんどが京呂組

小屋ばりと軒桁との関係

小屋ばり丸太の継ぐ位置は敷ばり上部

小屋ばりの仕口・継手

| ⑫ | 垂　木 | 【ポイント】
　垂木(たるき)の部品加工は，細い部品を多量に切り出しますので，失敗したらスチレンボードの端材で部品を作り直しましょう。
　また，垂木の間隔が均等になるように，垂木間隔用の模型作製定規を用いて組み立てます。 |

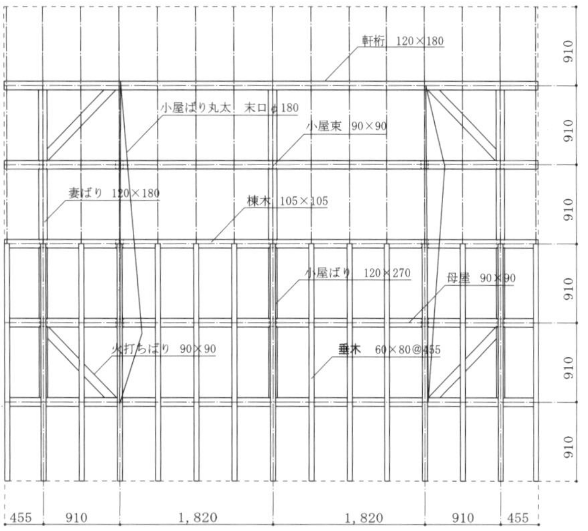

1．垂木の加工

　垂木の部品を切り取り，下図のように加工します。垂木の上端部のカットは付属の模型作製定規を使用します。

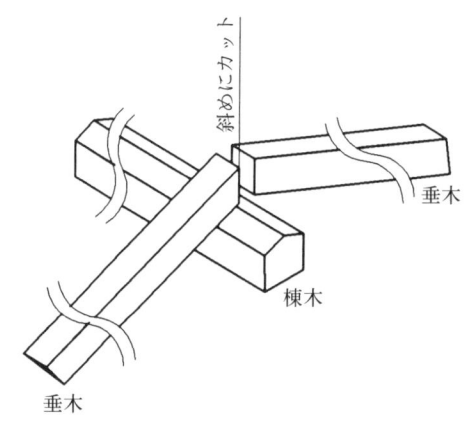

2．垂木の組立て

　垂木を，棟木(むなぎ)・母屋(もや)と直交するように組み立てます。

　等間隔になるように，付属の垂木間隔用の模型作製定規を用いて組み立てましょう。

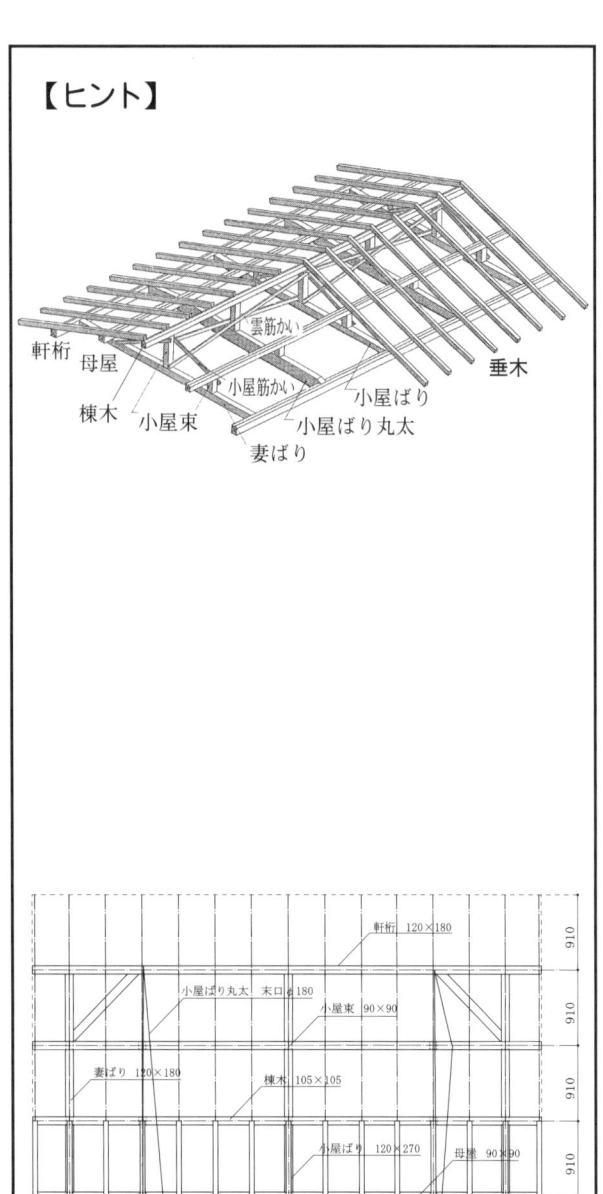

【現場では】

垂木組立て状況

垂木組立て状況

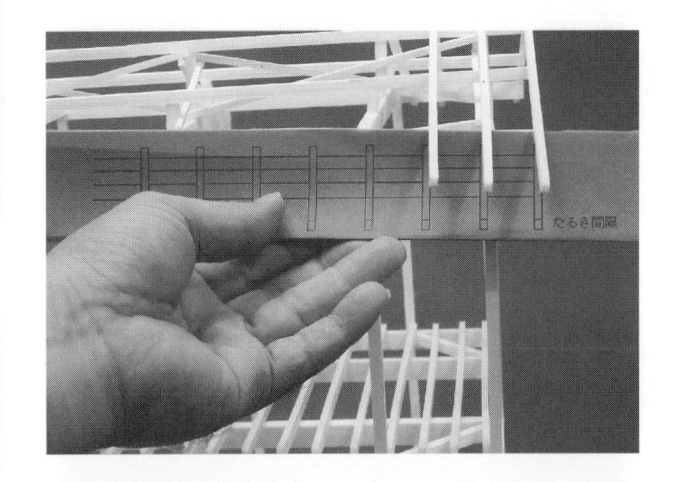

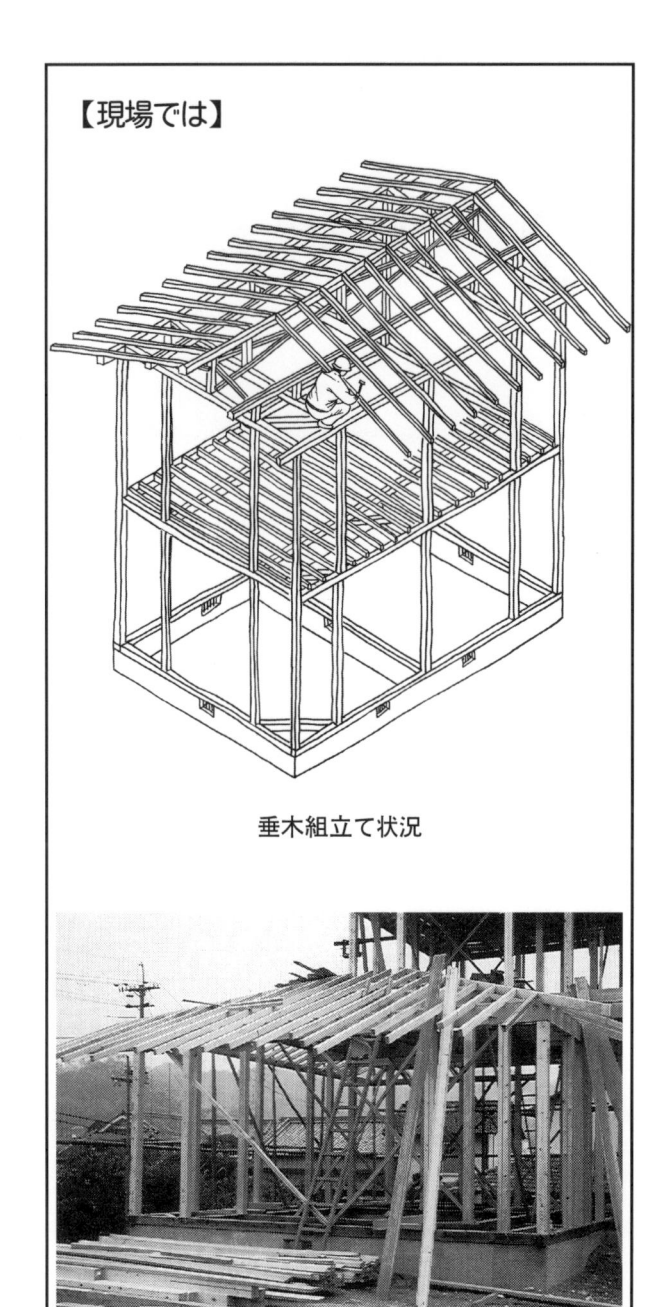

【チェック】

垂木の継手位置は，通常，母屋の上部です。

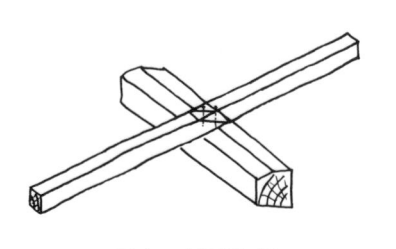

垂木の継手位置

垂木と棟木の取り合い

⑬ まぐさ・窓台

【ポイント】
　まぐさ・窓台は，水平になるように取り付けましょう。また，まぐさ上部や窓台下部の間柱は，まぐさ・窓台の取付け後に組み立てます。その他の間柱は，後の工程で組み立てます。

【ヒント】

西側軸組図

南側軸組図

1. まぐさ・窓台組立て

　まぐさ・窓台を水平になるように組み立てます。部品長さが実際の取付け長さより長い場合は，実際の長さに切断してください。

　まぐさ・窓台の取付け位置は，柱につけた印に各上端部を合わせてください。水平が狂っている場合は，調整してください。

2．間柱組立て

まぐさの上部と窓台下部の間柱を組み立てます。1階のまぐさ上部の間柱は，中央に吊束(つりづか)と呼ばれる大きな部材を組み立てます。

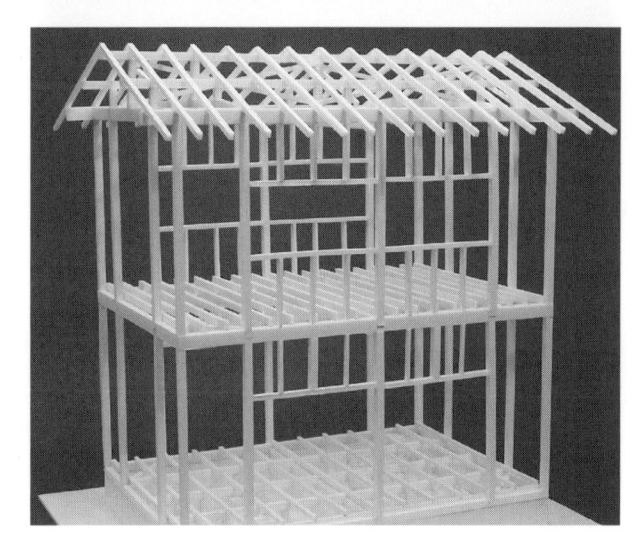

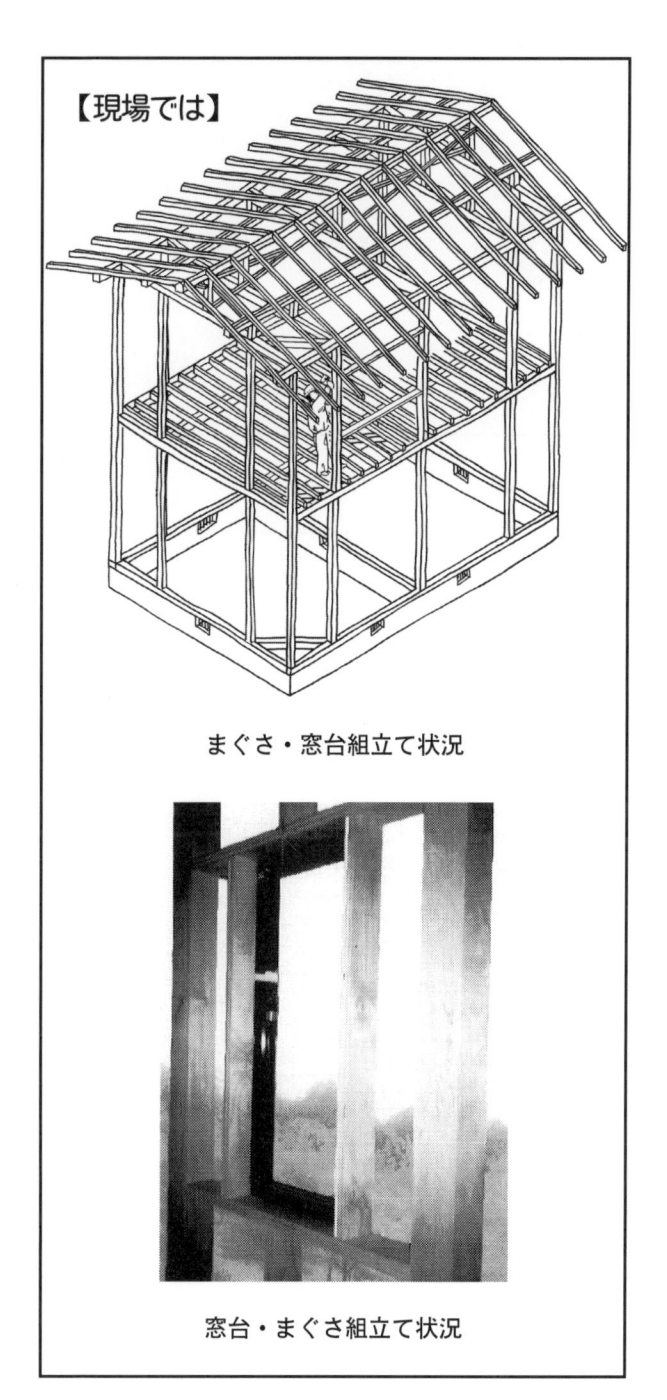

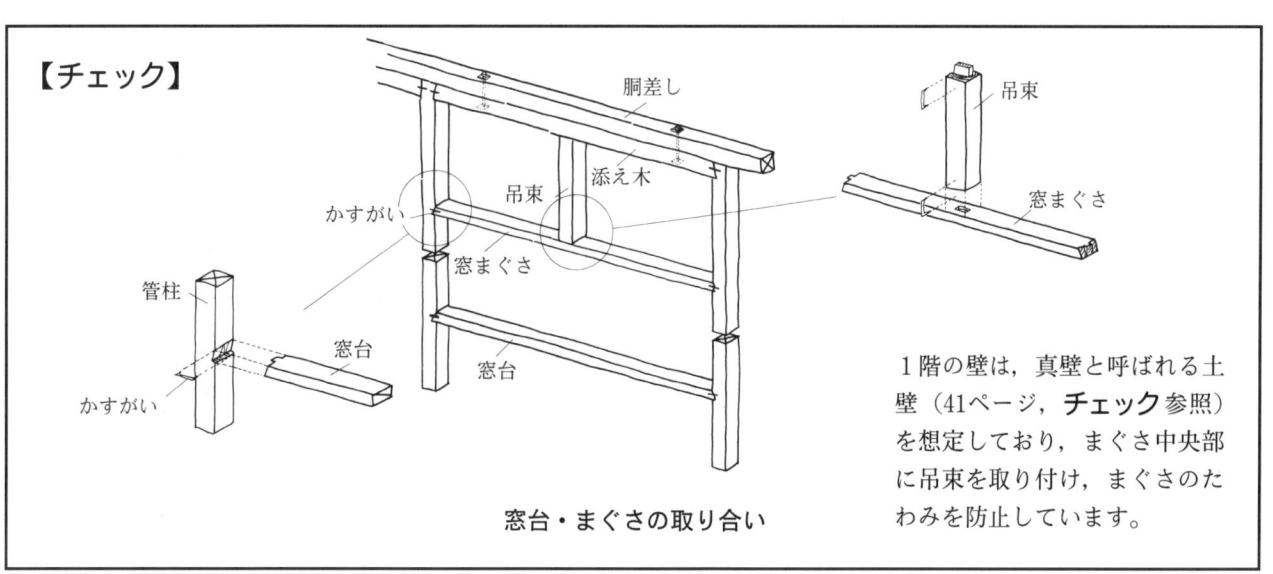

【現場では】

まぐさ・窓台組立て状況

窓台・まぐさ組立て状況

【チェック】

窓台・まぐさの取り合い

1階の壁は，真壁と呼ばれる土壁（41ページ，**チェック**参照）を想定しており，まぐさ中央部に吊束を取り付け，まぐさのたわみを防止しています。

⑭ 筋 か い

【ポイント】
　筋かいは，柱間に斜めに組み立てます。斜めに組み立てる方向を，図面を参考に注意しながら組み立てましょう。

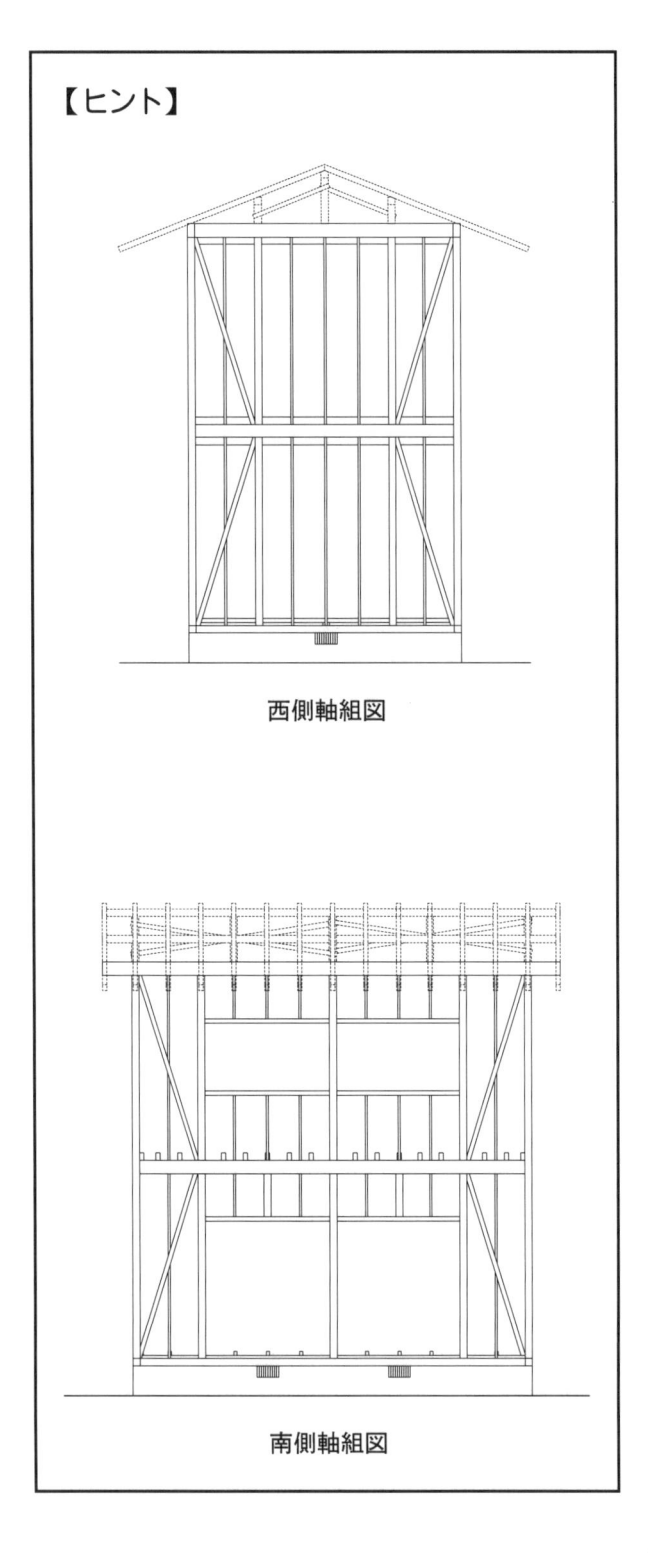

【ヒント】

西側軸組図

南側軸組図

1．筋かいの加工

　筋かいの部品を切り取り，下のように加工します。

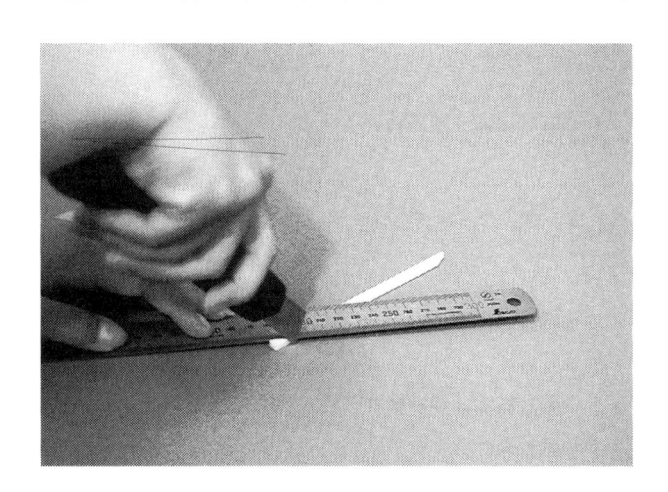

2．筋かいの組立て

　筋かいを柱間に斜めに組み立てます。このとき筋かいと柱の外壁側の面が一致するように組み立てましょう。

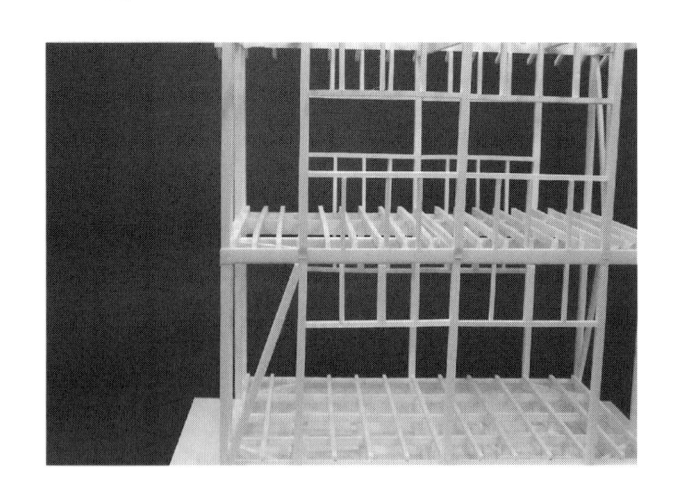

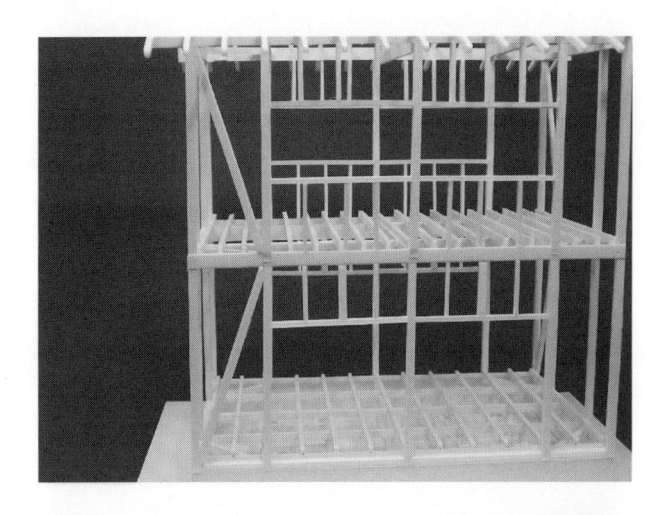

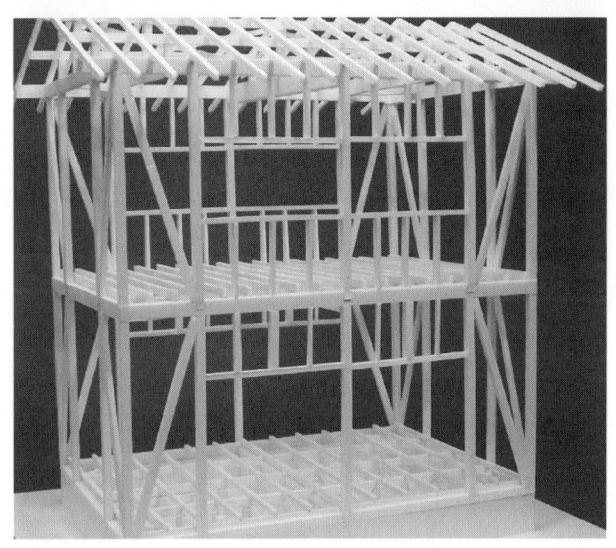

【現場では】

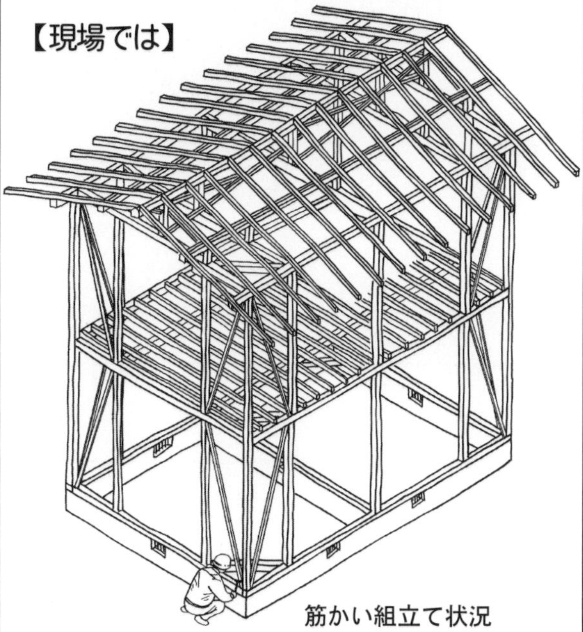

筋かい組立て状況

筋かい組立て状況

【チェック】

建物にかかる力には，水平力と鉛直力があり，一般的に分けて考えます。

水 平 力：地震や風により生じる力
鉛 直 力：建物自身の重さや人やものの重さなどにより生じる力

各部材の役割

火打ちばり：水平面のねじれを防止
　　柱　　：鉛直力による荷重をささえる
筋 か い：水平力による垂直面のねじれを防止

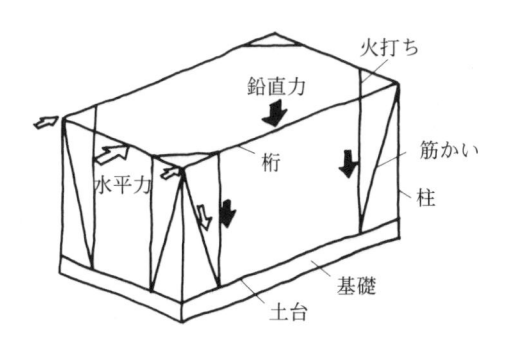

木造にかかる力の伝達

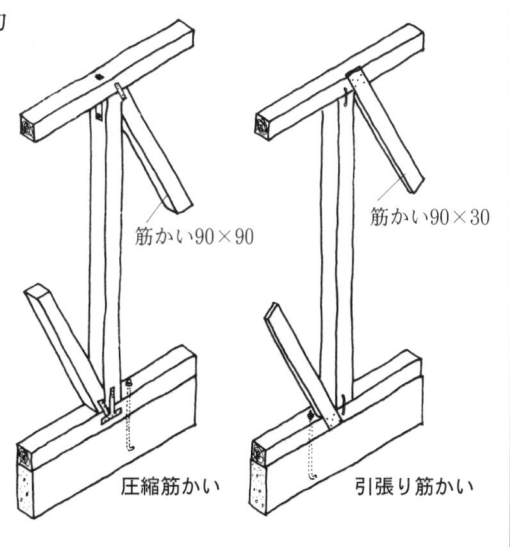

筋かい90×90　筋かい90×30
圧縮筋かい　　引張り筋かい

筋かいの種類

⑮ 間柱

【ポイント】
　間柱(まばしら)の筋かいの交差する部分の加工は，実際に筋かいと交差する部分に印を付けた後に，のりしろ部分を残して加工します。部品が細かいため意外と難しいものです。失敗したら，スチレンボードの端材で部品を作り直しましょう。

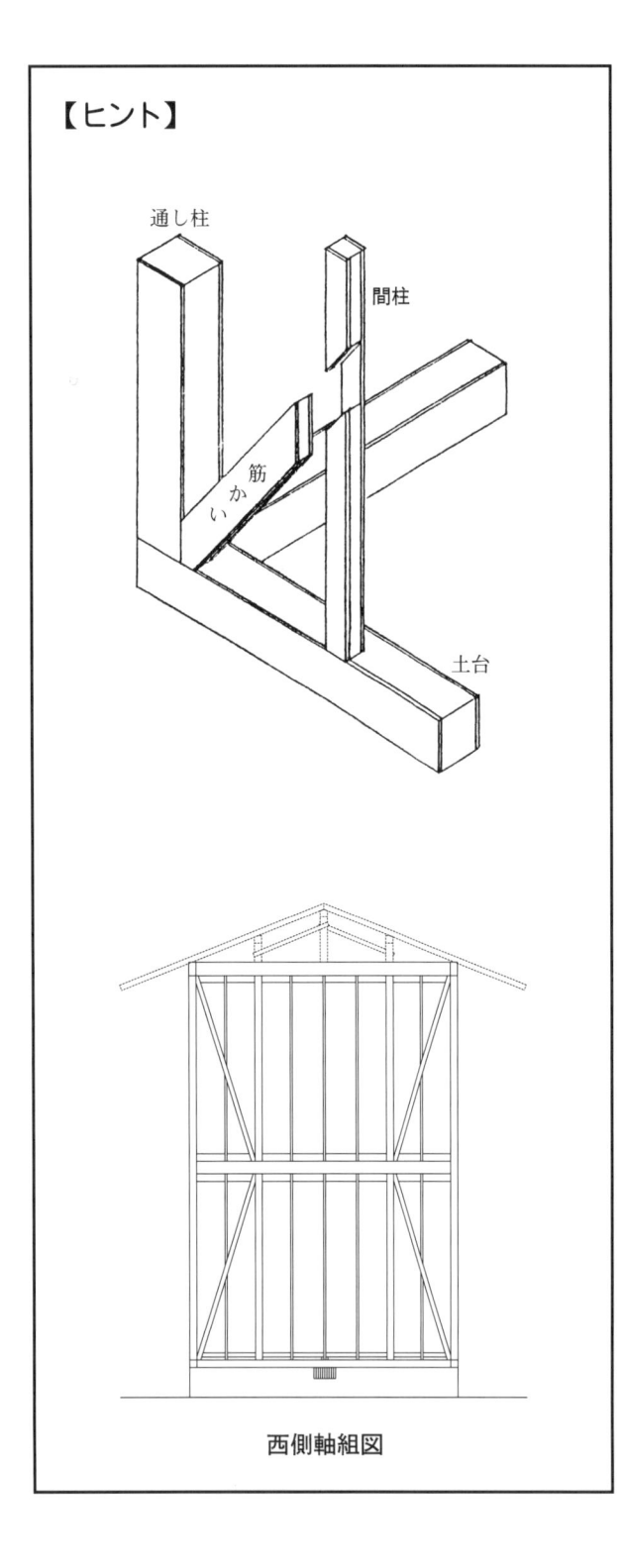

【ヒント】

通し柱
間柱
筋かい
土台

西側軸組図

1. 間柱の取付け準備

　間柱を取り付ける位置に，鉛筆を用いて印をつけます。

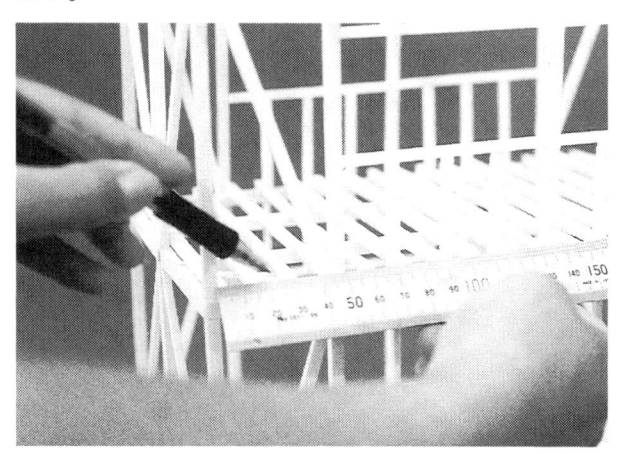

　間柱の部品を切り取り，筋かいの交差部分に鉛筆を用いて印をつけます。

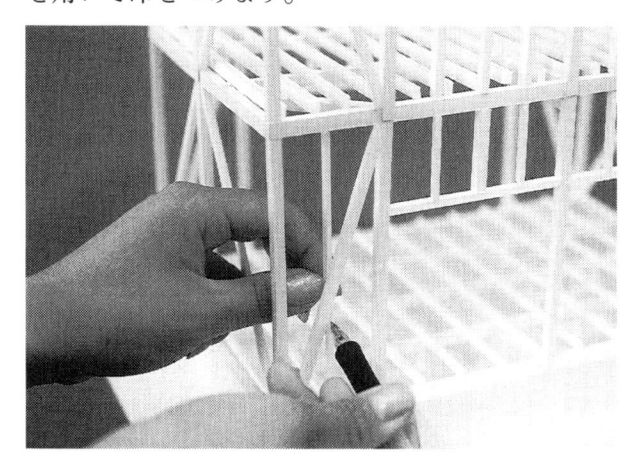

2. 間柱の加工

　1階間柱は，筋かいとの交差部分を，のりしろを残して削り取ります。2階間柱ののりしろは，部品を半分だけ削り取ります。

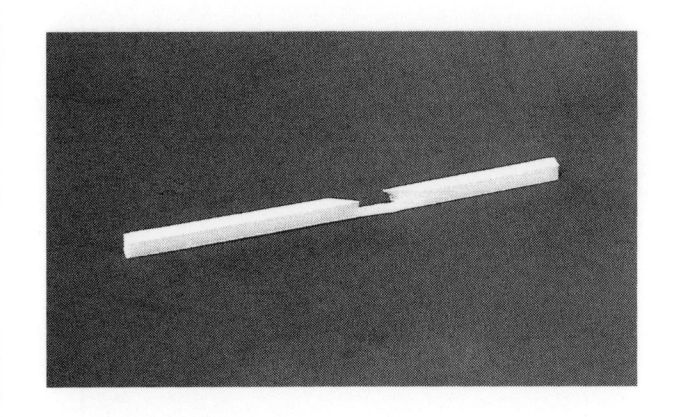

3．間柱の組立て

間柱を，室内側より垂直になるように組み立てます。

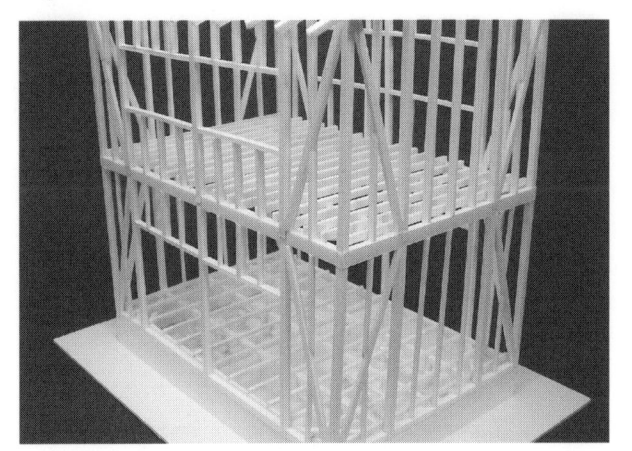

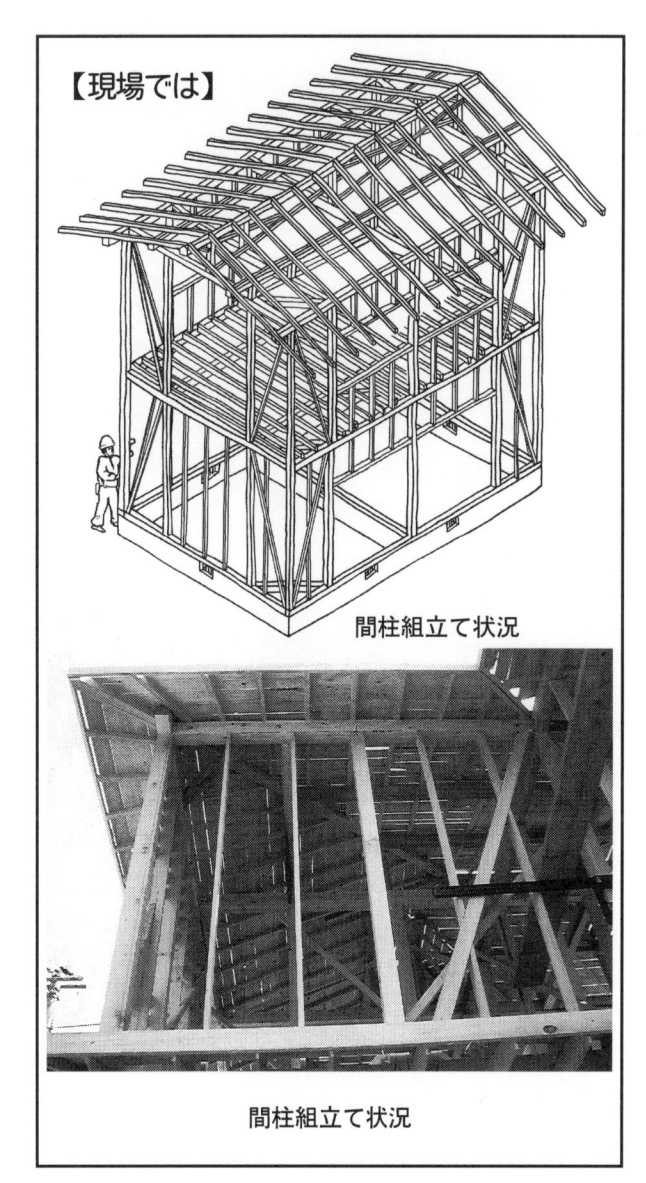

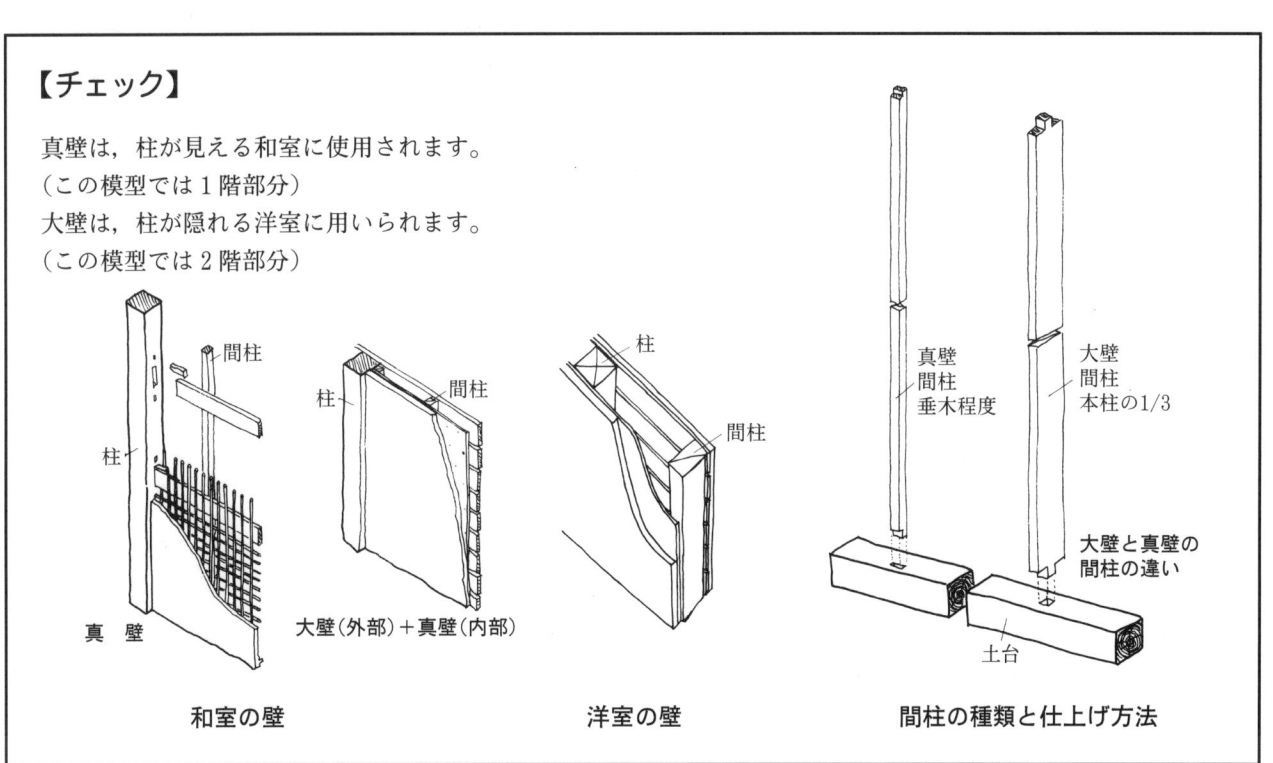

【現場では】

間柱組立て状況

間柱組立て状況

【チェック】

真壁は，柱が見える和室に使用されます。
（この模型では1階部分）
大壁は，柱が隠れる洋室に用いられます。
（この模型では2階部分）

和室の壁　　　大壁(外部)＋真壁(内部)　　　洋室の壁　　　間柱の種類と仕上げ方法

耐力壁と金物の基礎知識

耐力壁の役割

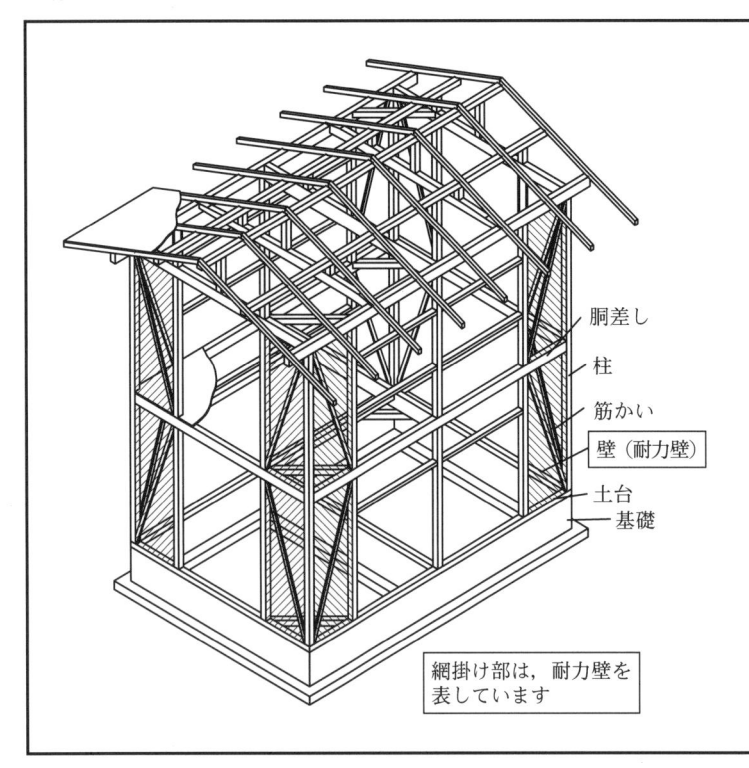

胴差し
柱
筋かい
壁（耐力壁）
土台
基礎

網掛け部は，耐力壁を表しています

　耐力壁は，建物の風圧力や地震力などの水平方向に作用する力に対して抵抗します。これを有効に作用させるには，耐力壁の種類の選定と適切な配置が重要です。
　これにより水平方向からの力による変形を防ぎ，構造的にも強い建物にすることができます。

耐力壁の種類と壁倍率

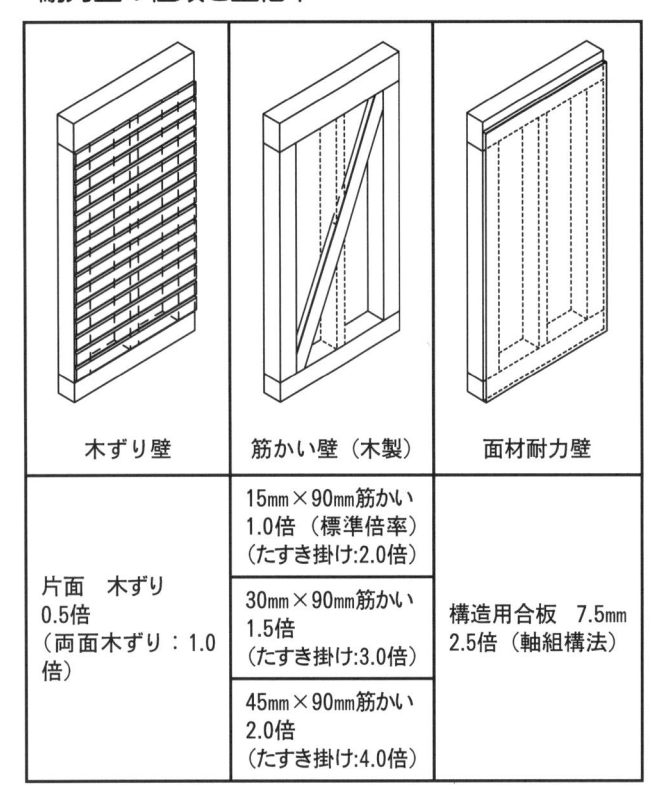

木ずり壁	筋かい壁（木製）	面材耐力壁
片面　木ずり 0.5倍 （両面木ずり：1.0倍）	15mm×90mm筋かい 1.0倍（標準倍率）（たすき掛け:2.0倍）	構造用合板　7.5mm 2.5倍（軸組構法）
	30mm×90mm筋かい 1.5倍 （たすき掛け:3.0倍）	
	45mm×90mm筋かい 2.0倍 （たすき掛け:4.0倍）	

　耐力壁の構造によって水平力に抵抗できる強さの倍率が異なります。この構造による壁の強さを壁倍率といいます。壁倍率が2倍の場合，壁の強さが2倍あることを意味します。

耐力壁の配置

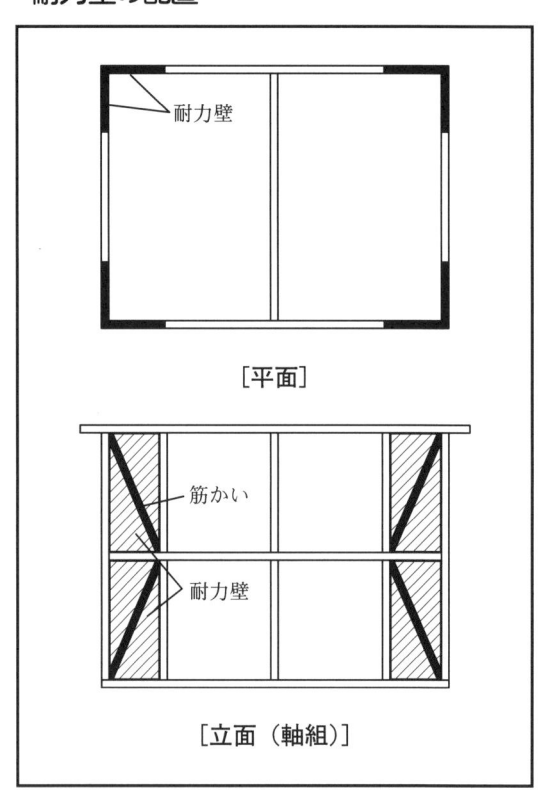

耐力壁
［平面］

筋かい
耐力壁
［立面（軸組）］

　耐力壁は，平面的や立体的にねじれが生じないように，できる限り左右対称にバランスよく配置します。

耐力壁の補強金物

壁に地震力，風圧力（水平力）が作用した場合

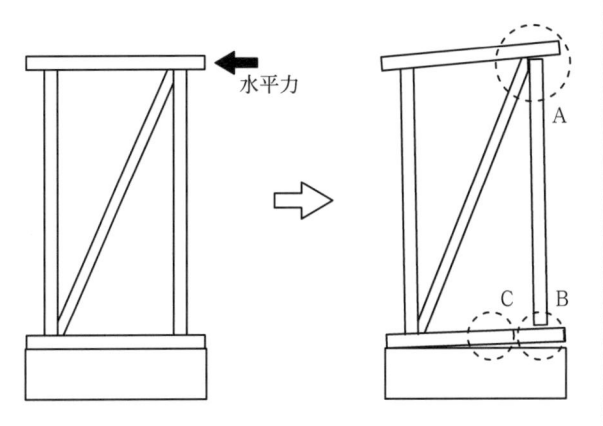

壁に水平力が生じた場合，木材の接合部（仕口部）には大きな力がかかり，柱を引き抜こうとする力がはたらきます。そのため部材同士を強固に留め付けるために補強金物が必要になります。

A：横架材（土台，けた）が筋かいから突上げられて，柱からはずれようとする
B：柱が筋かいから突き上げられて，土台からはずれようとする
C：土台が基礎からはずれようとする

　適切な金物の取付けが耐震性と耐風性の向上につながります。
　金物の種類や設置箇所，留め付け方法には規定があり，正しい方法で設置することが重要です。

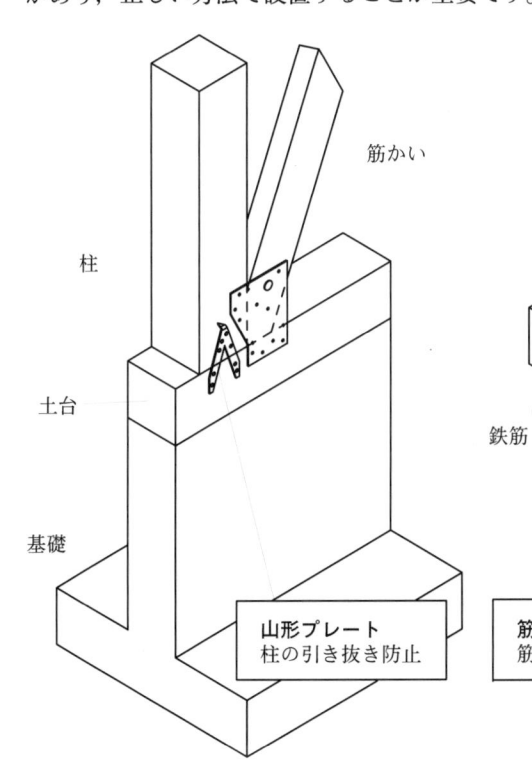

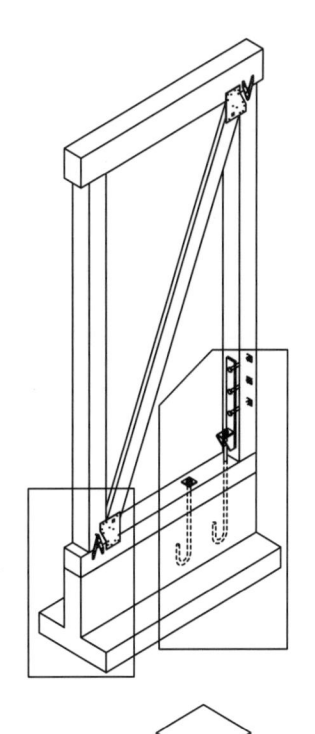

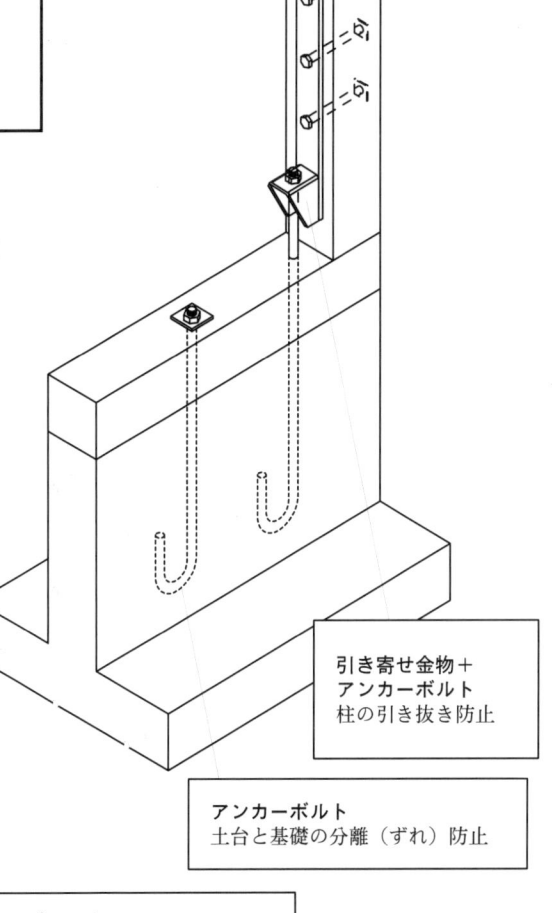

山形プレート
柱の引き抜き防止

筋かいプレート
筋かいと柱，土台の外れ防止

引き寄せ金物＋アンカーボルト
柱の引き抜き防止

アンカーボルト
土台と基礎の分離（ずれ）防止

⑯ 屋根の応用

【ポイント】
寄棟(よせむね)の小屋ばりの特徴は，妻ばりと小屋ばりの間に飛びばりを設ける点です。その上に床束を組み立て，小屋束(こやづか)と隅木(すみき)を支持します。

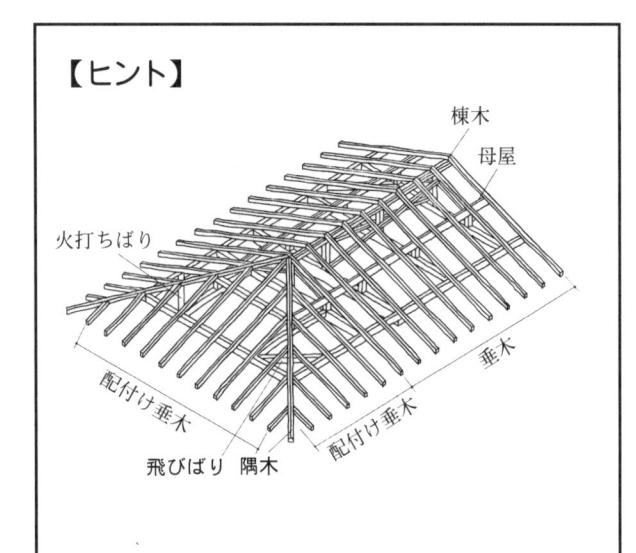

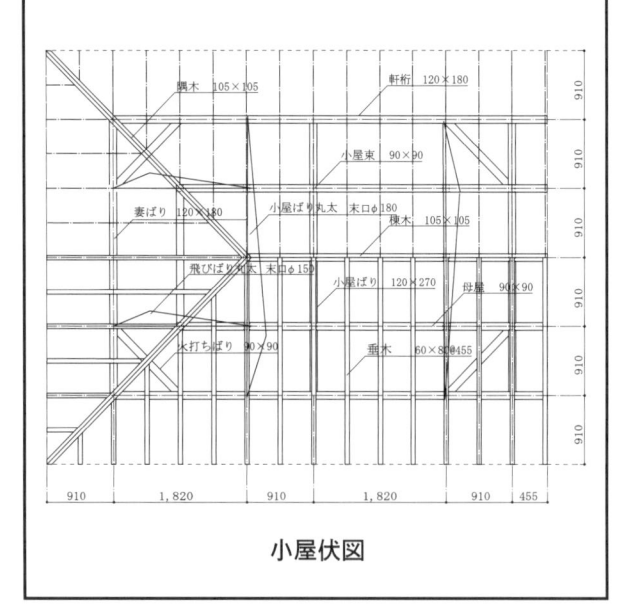

【ヒント】

棟木、母屋、火打ちばり、配付け垂木、飛びばり、隅木、垂木

小屋伏図

1．小屋ばりの組立て

妻ばりと小屋ばり丸太間に，飛びばりを架け渡します。

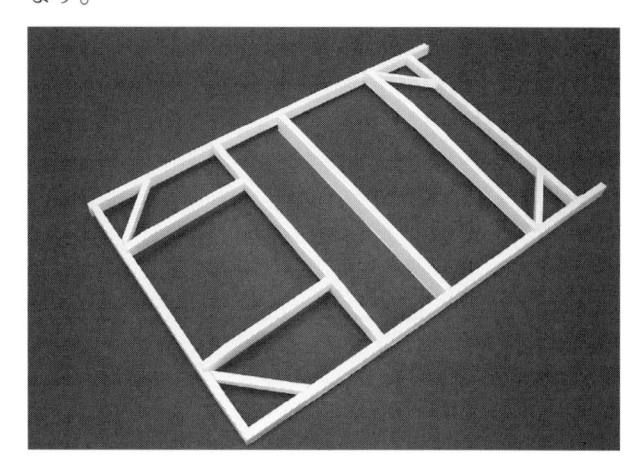

2．小屋束の組立て

飛びばり部分の小屋束の組立ては，隅木と飛びばり間の寸法に調整した後に組み立てます。

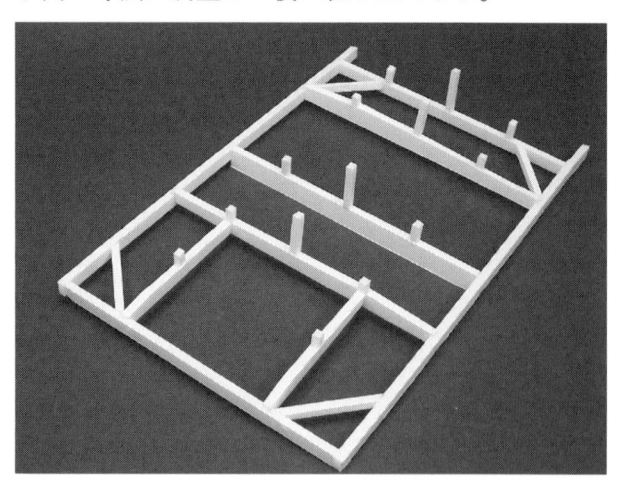

3．棟木・母屋の組立て

小屋束の上に，棟木(むなぎ)・母屋(もや)を組み立てます。

4．垂木の組立て

垂木(たるき)を，棟木・母屋と直交するように組み立てます。

【現場では】

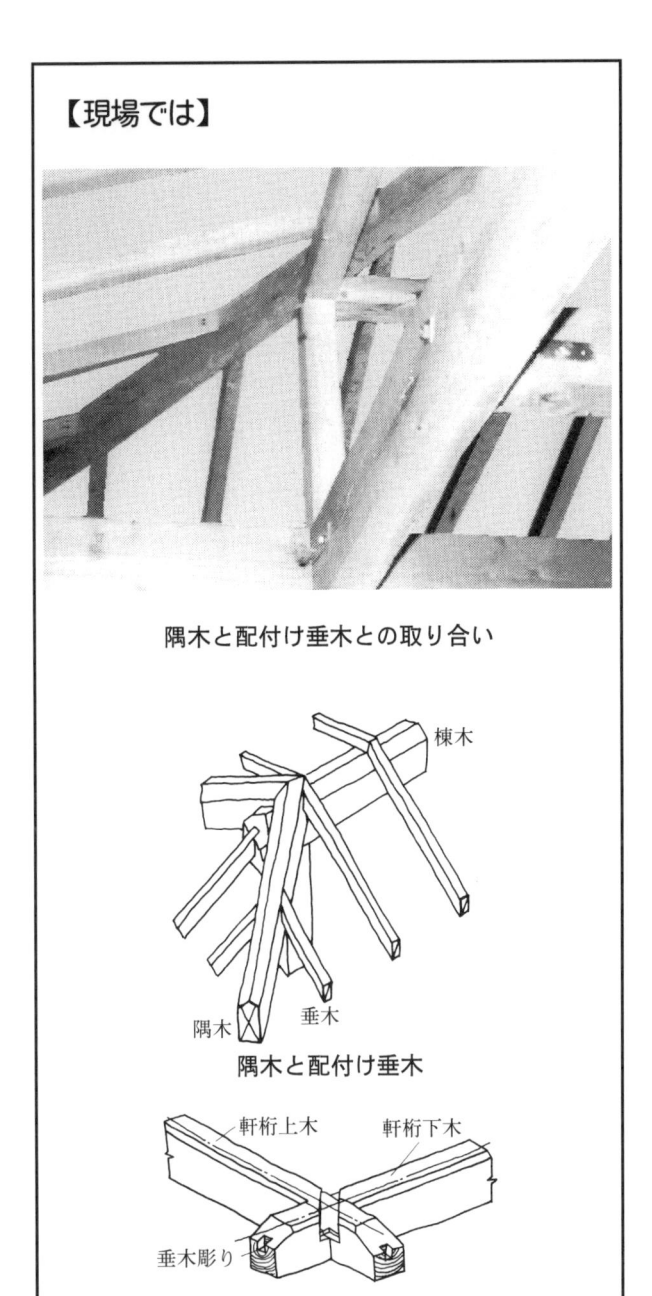

隅木と配付け垂木との取り合い

隅木と配付け垂木

寄棟の軒桁(のきげた)の取り合い

【チェック】

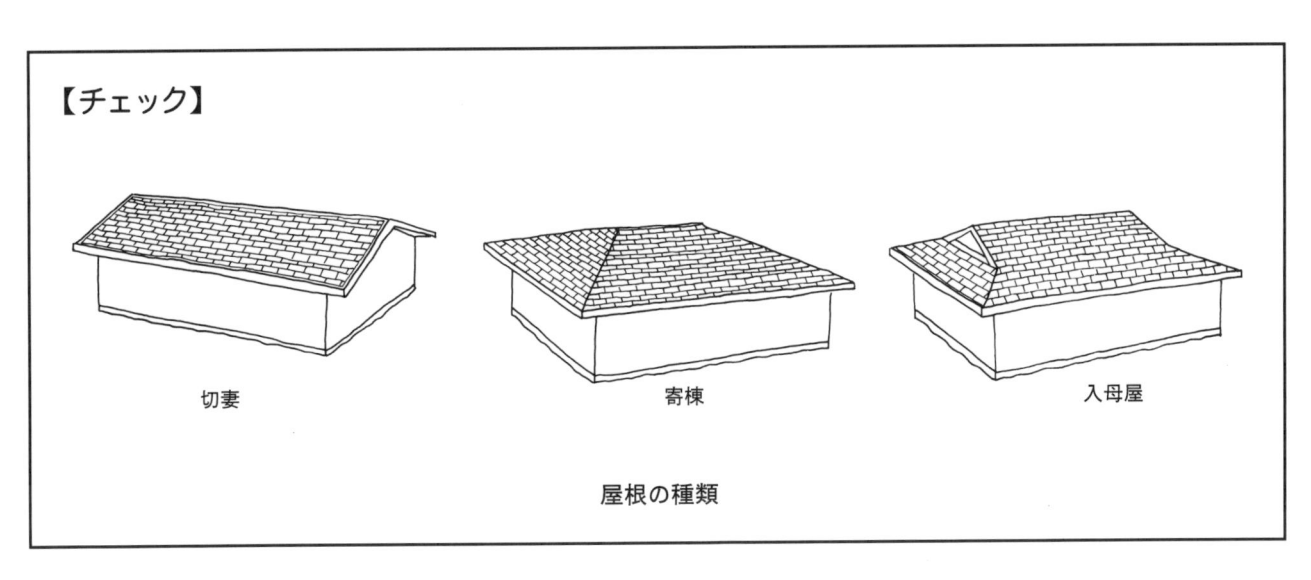

切妻　　寄棟　　入母屋

屋根の種類

◎関連図面集

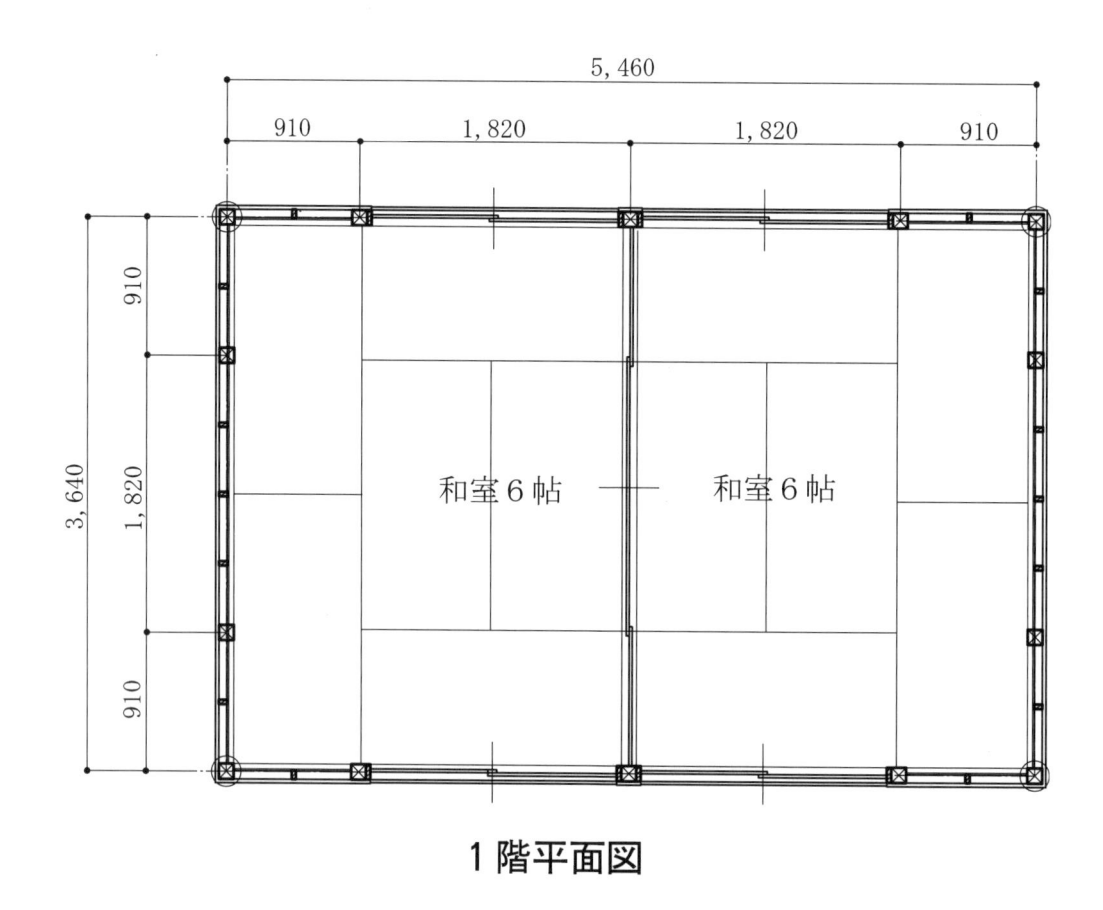

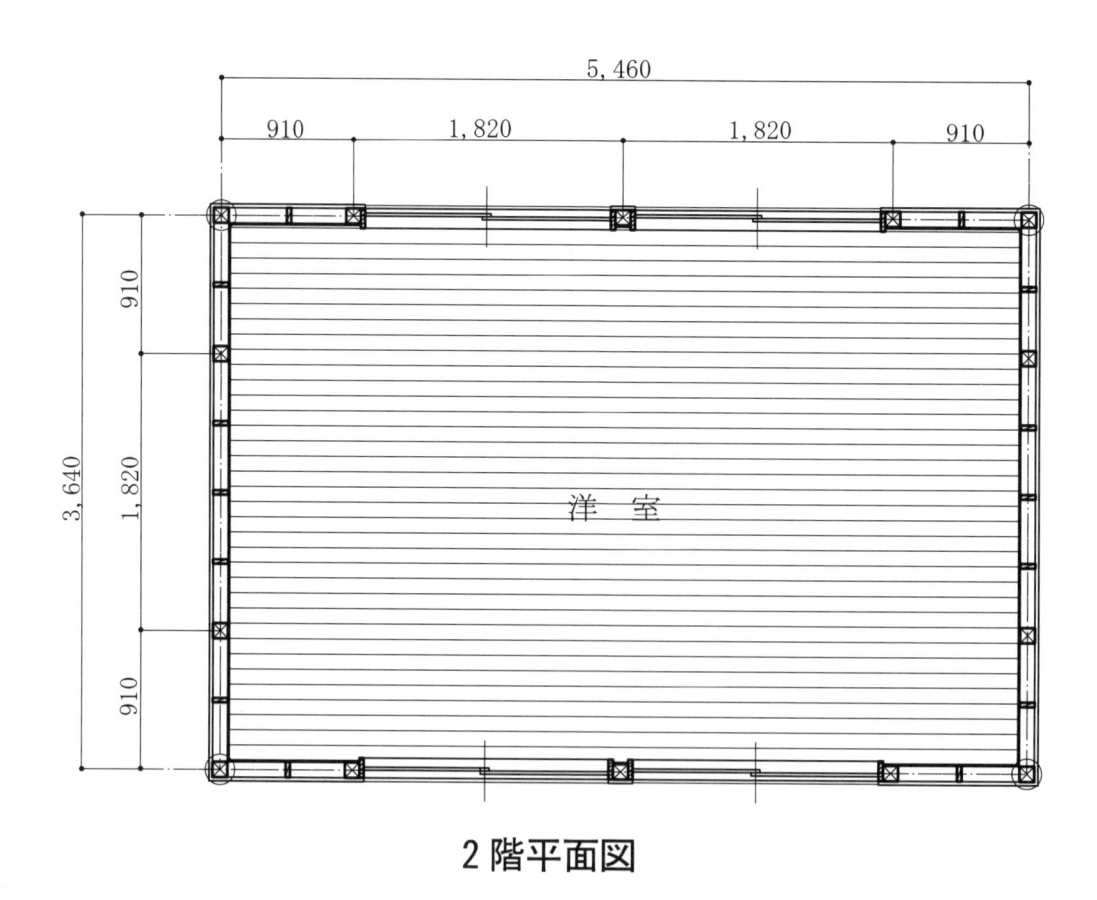

1階平面図

2階平面図

南側軸組図

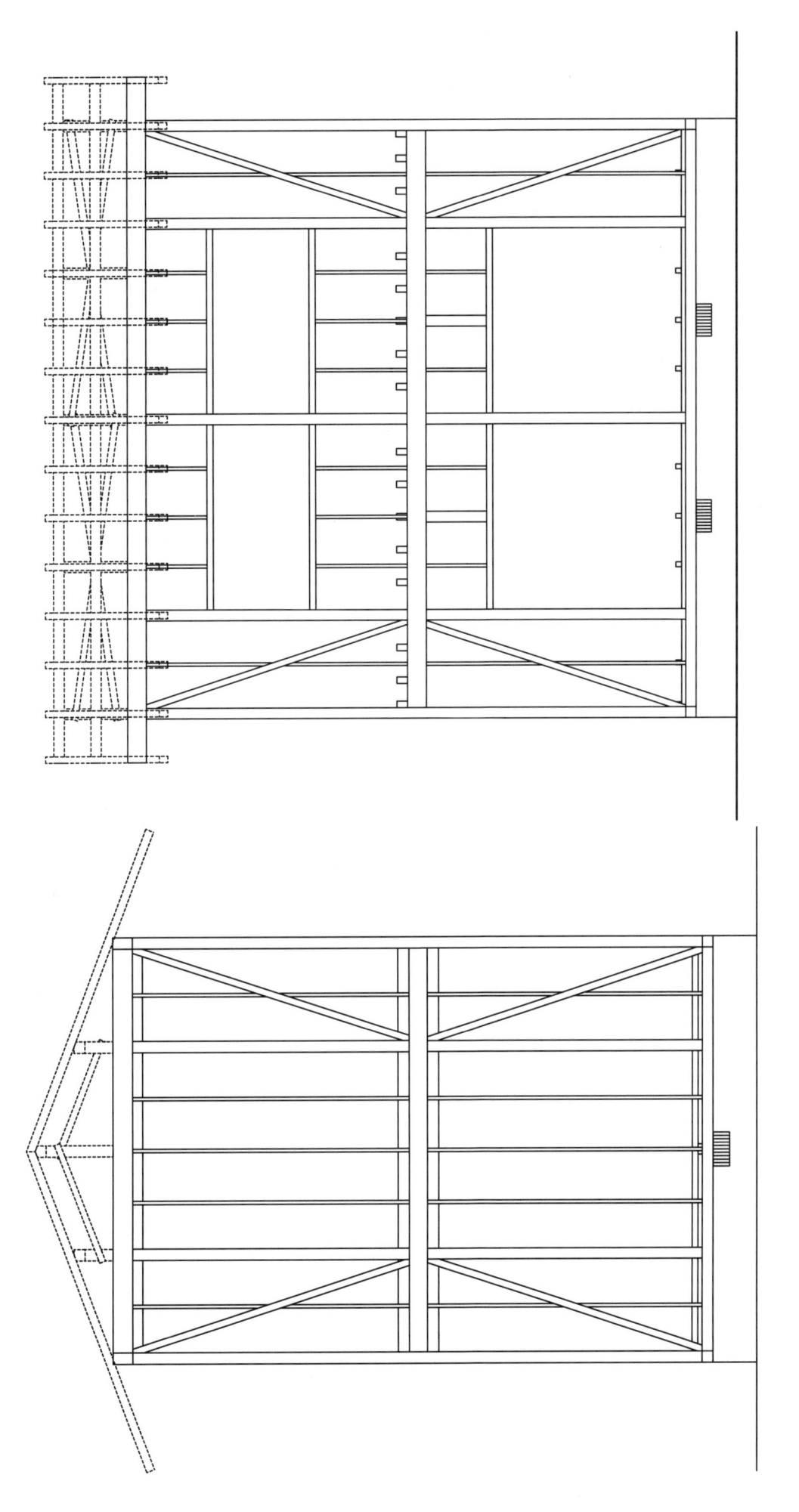

西側軸組図

基礎伏図

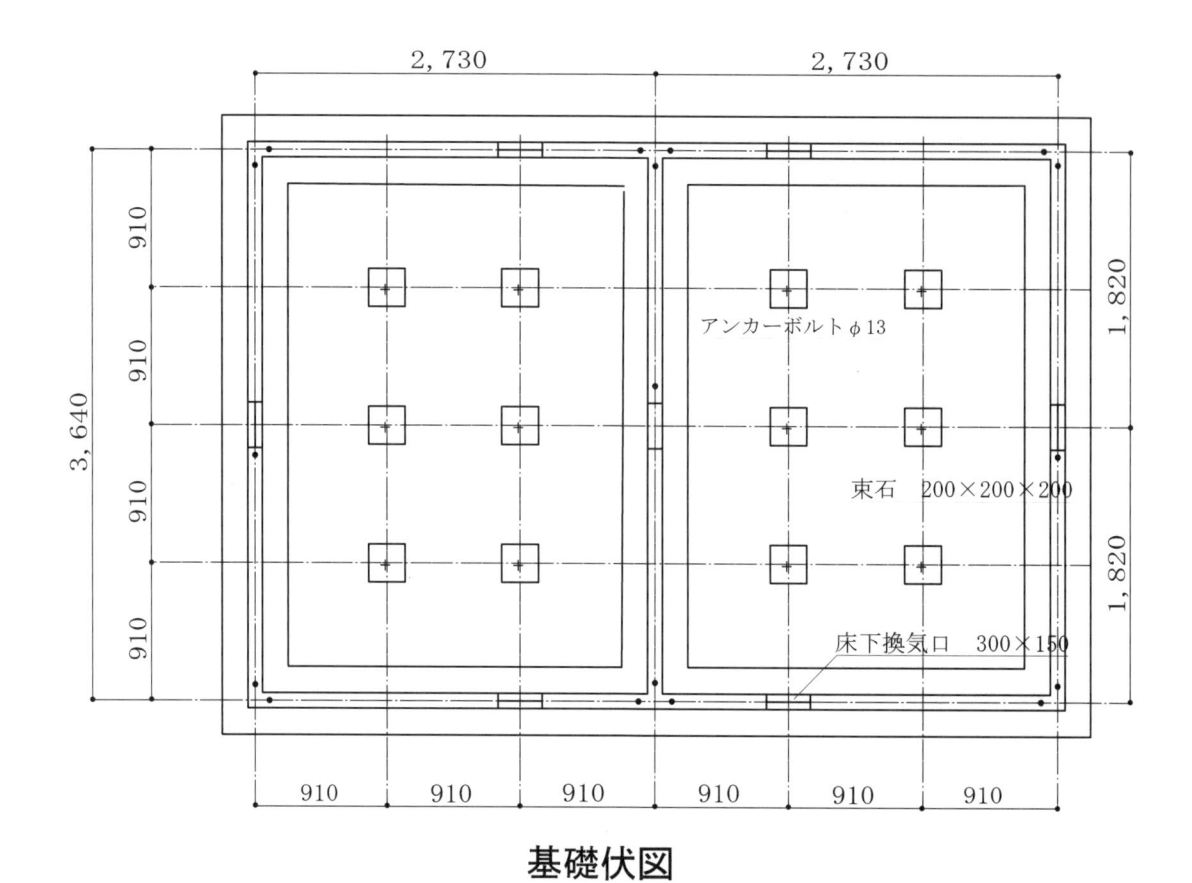

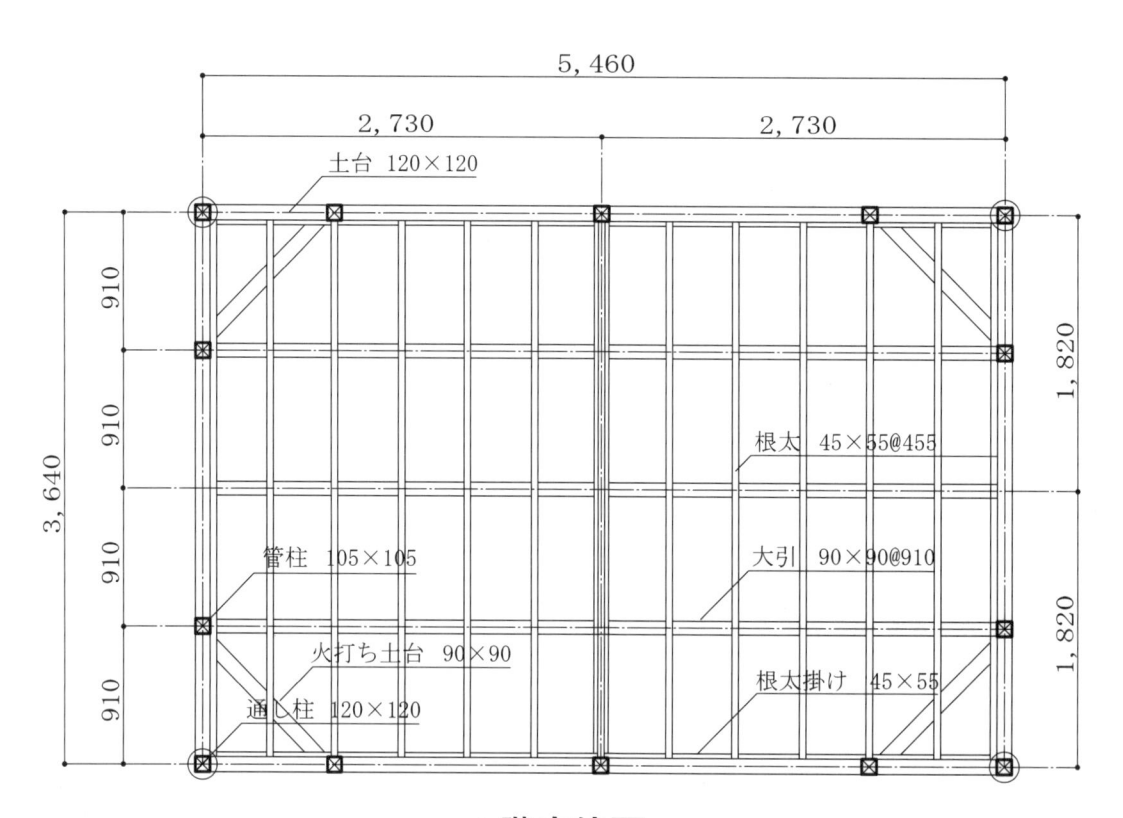

1階床伏図

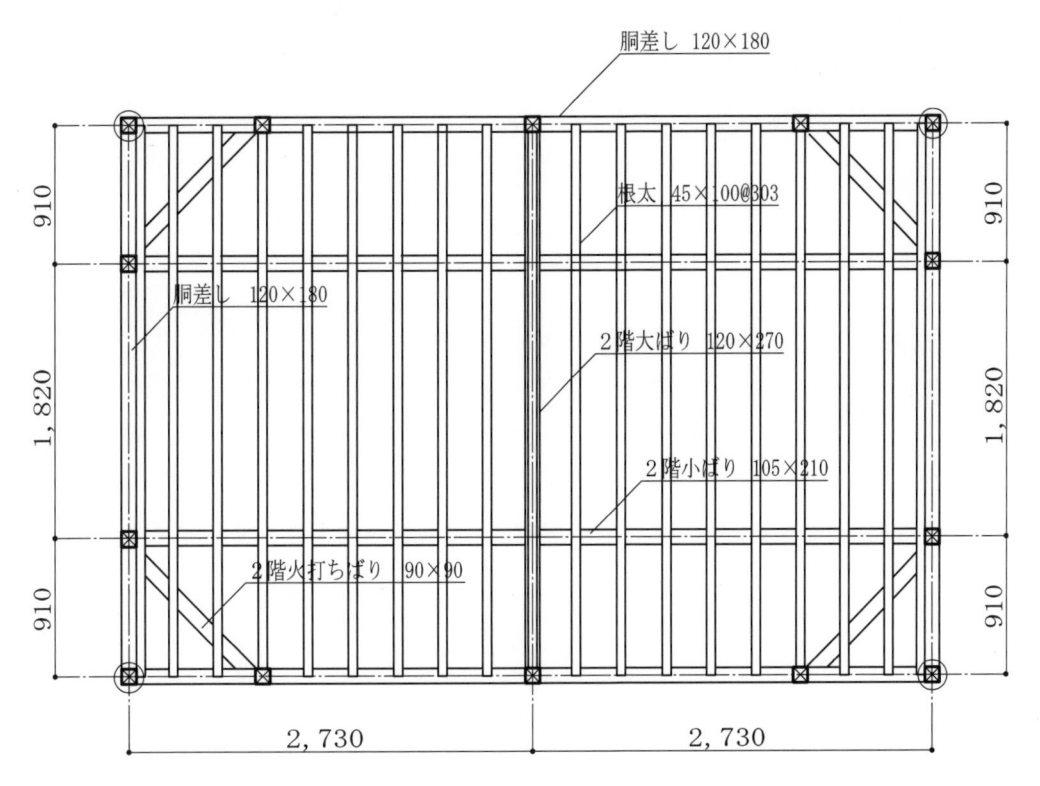

2階床伏図

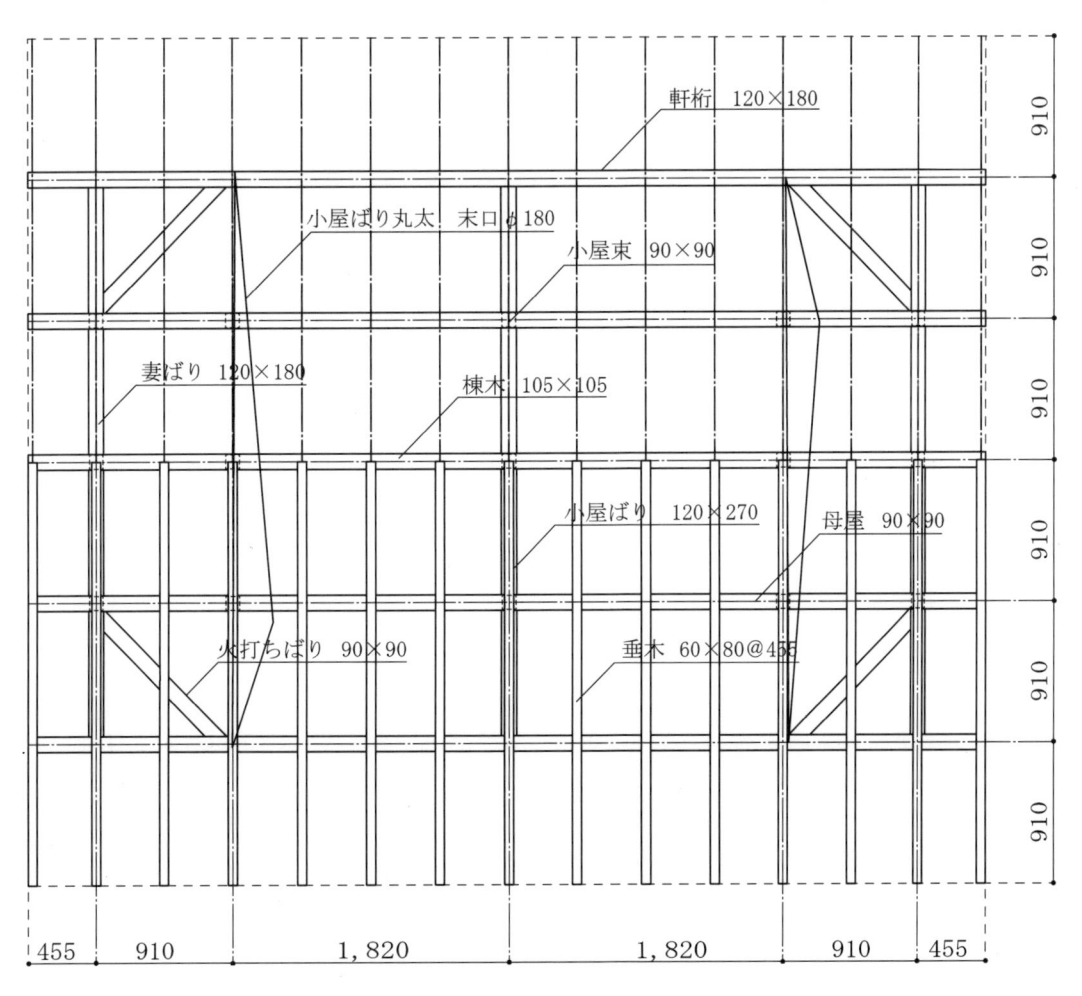

- 胴差し 120×180
- 根太 45×100@303
- 2階大ばり 120×270
- 2階小ばり 105×210
- 2階火打ちばり 90×90

寸法：910、1,820、910（縦）／ 2,730、2,730（横）

小屋伏図

- 軒桁 120×180
- 小屋ばり丸太 末口φ180
- 小屋束 90×90
- 妻ばり 120×180
- 棟木 105×105
- 小屋ばり 120×270
- 母屋 90×90
- 火打ちばり 90×90
- 垂木 60×80@455

寸法：910、910、910、910、910（縦）／ 455、910、1,820、1,820、910、455（横）

［模型製作に使用する接着剤］

● 部材シートのスチレンボードへの仮止め用

貼ってはがせるのり（スプレータイプ）を使用します。
〔商品例〕
　　　３Ｍスプレーのり５５（430ｇ）　　　住友スリーエム製　2000円程度
　　　３Ｍ切り貼りスプレー（100ml）　　　住友スリーエム製　800円程度
　　　スプレーのりＮＯＲＩＫＯ（100ml）　住友スリーエム製　700円程度
　　　スプレーのりＳＰＲＡＹ　ＧＬＵＥ（46ml）　プラス製　600円程度

● スチレンボード部材間の接着用

スチレンボード用接着剤を使用します。
〔商品例〕
　　　スチのり（250ml）　　　光栄堂製　　900円程度
　　　スチのり（100ml）　　　光栄堂製　　500円程度

●著者略歴

森永智年（もりなが ちとし）
職業訓練大学校建築科卒業
九州大学大学院芸術工学府博士課程修了
元 九州女子大学教授
　　　博士（工学）　一級建築士

京牟禮実（きょうむれ みのる）
職業訓練大学校建築科卒業
元 沖縄職業能力開発大学校教授
現在　きずな開発研究所代表
　　　一級建築士，一級建築施工管理技士

・本書の複製権・翻訳権・上映権・譲渡権・公衆送信権（送信可能化権を含む）は株式会社井上書院が保有します。
・JCOPY 《(一社)出版者著作権管理機構 委託出版物》
本書の無断複写は著作権法上での例外を除き禁じられています。複写される場合は，そのつど事前に(一社)出版者著作権管理機構（電話03-5244-5088，FAX03-5244-5089，e-mail：info@jcopy.or.jp）の許諾を得てください。

模型で学ぶ　建築構法入門　在来木造編［改訂版］

1996年12月25日　第1版第1刷発行
2007年11月25日　改訂版第1刷発行
2024年3月10日　改訂版第10刷発行

著　者　　森永智年・京牟禮実Ⓒ

発行者　　石川泰章

発行所　　株式会社　井上書院
　　　　　東京都文京区湯島2-17-15 斎藤ビル
　　　　　電話 (03)5689-5481　FAX (03)5689-5483
　　　　　https://www.inoueshoin.co.jp
　　　　　振替 00110-2-100535

装　幀　　藤本　宿

印刷所　　株式会社ディグ

ISBN 978-4-7530-1618-1　C3052　　Printed in Japan